郭晓旭

著

马克思主义哲学与中国传统哲学的结合研究

中国人民大学出版社
·北京·

目 录

绪 论 ……………………………………………………… 1

    第一节 研究目的与意义 …………………………………… 1

    第二节 相关研究综述 ……………………………………… 5

    第三节 研究方法与创新之处 …………………………… 12

第一章 马克思主义哲学与中国传统哲学相结合的必要性

       和可能性 …………………………………………… 15

    第一节 马克思主义哲学与中国传统哲学相结合的

         必要性 ……………………………………… 16

    第二节 马克思主义哲学与中国传统哲学相结合的

         可能性 ……………………………………… 20

    第三节 马克思主义哲学与中国传统哲学相结合的

         过程 ………………………………………… 25

第二章 中国传统哲学的思想内涵与当代价值 …………… 31

    第一节 中国传统哲学的内涵及特质 …………………… 32

    第二节 中国传统哲学的当代价值 ……………………… 44

    第三节 中国传统哲学创新转化的必要性及现实路径 … 68

第三章　马克思主义哲学中国化的文化基础与路径选择 …… 85

　第一节　马克思主义哲学中国化的文化基础 …………… 86

　第二节　马克思主义哲学中国化的文化底蕴 ………… 105

　第三节　马克思主义哲学中国化的路径与价值选择 …… 117

**第四章　马克思主义哲学与中国传统哲学相结合的机制、
　　　　　过程与方法** ……………………………………… 134

　第一节　马克思主义哲学与中国传统哲学相结合的
　　　　　机制 ……………………………………………… 135

　第二节　马克思主义哲学与中国传统哲学相结合的
　　　　　过程 ……………………………………………… 138

　第三节　马克思主义哲学与中国传统哲学相结合的
　　　　　方法 ……………………………………………… 147

**第五章　当代马克思主义哲学与中国传统哲学相结合的
　　　　　几个视角** ……………………………………… 151

　第一节　马克思主义哲学与中国传统哲学相结合的
　　　　　科技视角 ………………………………………… 153

　第二节　马克思主义哲学与中国传统哲学相结合的
　　　　　生态视角 ………………………………………… 163

　第三节　马克思主义哲学与中国传统哲学相结合的
　　　　　人学视角 ………………………………………… 178

结束语 ……………………………………………………… 187

参考文献 …………………………………………………… 190

绪　论

本书以马克思主义哲学与中国传统哲学相结合为研究对象，通过对二者融通发展的必要性和可能性，相结合的路径、机制和价值选择、发展前景等进行分析与探讨，希望能在理论与实践的层面，为推动实现二者相结合略尽绵薄之力。

第一节　研究目的与意义

马克思主义哲学中国化是马克思主义哲学与中国实际以及时代精神相结合的过程。中国实际包括中国历史与中国文化，而文化的核心便是哲学。对马克思主义哲学与中国传统哲学相结合的研究，是马克思主义哲学中国化能够顺利推进的理论基础，也是中国传统哲学在现时代实现创新转化的理论契机，是马克思主义哲学中国化研究的重要内容。本书在综合分析中国传统哲学的内涵、特质、现代价值以及马克思主义哲学中国化的文化底蕴、路径的基础上，试图把当前马克思主义哲学中国化的理论发展要求与中国传统哲学在现时代实现创造性转化和创新性发展的时代诉求结合起来，这对于坚定文化自信以及实现中华民族伟大复兴的中国梦具有理论与现实的双重意义。

一、理论意义

马克思主义哲学中国化的纵深拓展，需要其与中国实际更紧密地结合起来，而中国传统哲学是中国传统文化的核心与精髓，是中国实际的构成部分。实现二者的深度融合，是马克思主义哲学中国化的迫切需要，也是中国哲学现代发展的内在要求。当前我国理论界在进行马克思主义哲学中国化研究的过程中，更多地聚焦于马克思主义哲学与中国社会实践的结合，集中在政治、社会层面对马克思主义哲学基本原理的应用与发展。而关于文化的核心层面，特别是关于马克思主义哲学与中国传统哲学相结合的问题研究较少，但这个方面又是不可忽视的。要探讨这一问题，我们需要对中国哲学的合法性问题、马克思主义哲学的出场路径与研究范式问题、哲学的功能与使命问题、哲学回归智慧本根的根源性重建问题、当代哲学的后现代转向问题、马魂中体西用的实践哲学转向问题等进行重新梳理。作为马克思主义哲学中国化研究的哲学基础，实现马克思主义哲学与中国传统哲学的融合是当前我国哲学研究的根本旨趣和意义旨归。

放眼世界，随着全球化的发展，古今中西历史大视域正在逐渐形成。在多元思想碰撞的科际整合与视域融通的大背景下，在推动马克思主义哲学与中国实际特别是中国传统哲学相结合的过程中，如何兼具世界眼光与时代眼光，在保持理论自身的独立性与独特性的前提下，兼收并蓄，增强理论自身的文化包容性与通约性、解释力与延展性，扩大理论的影响范围，使马克思主义哲学得到更广泛的世界认同与文化接纳？我们需要与时俱进，将马克思主义哲学的革命性、批判性的本质精神与国际、国内的理论与实践的发展成果和发展需求结合起来，在中西马哲学的交融与互动中实现理论自身的创新发展。

二、现实意义

中华民族伟大复兴的中国梦以及道路自信、理论自信、制度自信、文化自信的提出，要求我们在坚持马克思主义哲学在意识形态领域的指导地位的同时实现中华文化的复兴，特别是中华优秀传统文化的创造性转化和创新性发展。在新时期社会转型的关键节点，要解决我国社会的现实问题，需要我们用辩证的观点来看待中国传统哲学，将传统哲学的民族性与时代性相贯通，在辩证的否定的基础上取其精华、去其糟粕，探索其与马克思主义哲学相结合的机制与路径，在坚持以马克思主义哲学思想为指导的前提下，将其与时代要求相结合，实现中国传统哲学的创新转化。通过把马克思主义哲学的思想精髓与中国传统哲学的精华相结合，展示传统哲学的当代价值，从而开创哲学发展的新局面，构建中华民族共有精神家园，为构建社会主义和谐社会，推进新期社会主义文化转型，实现中华民族伟大复兴的中国梦提供智力支持与理论依据。

世界范围内，随着全球化的广泛推进与人类命运共同体的构建，没有任何一个国家可以闭关自守、偏安一隅，逆时代潮流而动，中国也必须对此做出反应。"中国人在其漫长的历史中都保持着人类社会中可贵的天下主义精神，恰恰中国文化是距离狭隘的民族主义最远的。"① 文化兴则国运兴，文化强则民族强。在对外开放、"一带一路"等多项举措的影响下，中国正在走向世界，中华文明正在走向世界。面对世界范围内多元文化的碰撞与互动，我们要坚定文化自信，要不忘本来、吸收外来、面向未来，在保持自身独立性的前提下兼收并蓄、博采众长，实现文化内部的自我更新与时代转化，我们需要坚持马克思主义哲学科学世界观、方法论的指导，用辩证的、批判的眼光对多元文化元素进行辨别与理性分析，从而为世界多元文化的发展和世界性问题的解决贡献中国智慧，创造中国奇迹。当今世界，工业文明的发展、科技理性的膨胀，使得人类社会面临着人心失守、道德沦丧、信仰缺失、意义空场、生态失衡、犯罪频发等严重的现代性危机与困境。疗治现代性问题，重建自然、社会、人心秩序，需要我们回到中国传统哲学的智慧当中，在马克思主义哲学科学世界观、方法论的指导下，实现二者的深度融合。通过对工具理性的批判，重现价值理性的光辉，为构建和谐世界做出中国的理论贡献。

---

① 刘涛：《汤因比的预言：中国文明将照亮 21 世纪》，《社会观察》2013 年第 3 期。

第二节　相关研究综述

马克思主义哲学从传入中国之初，就面临着如何被中国社会以及中国人接受的现实问题。作为根植于西方文化系统的马克思主义哲学，它能够真正在中国本土扎下根来，除了其满足了中国社会实践对科学世界观、方法论的需要，其与中国传统文化特别是中国传统哲学的内在通约性也是不容忽视的重要原因。马克思主义哲学与中国传统哲学的相互交融，从中国人对其理论文本翻译时起就已经开始了。文本的互动过程本身就是两种哲学所代表的中西方文化之间视域融合的过程。有关二者融通发展的研究主要集中于对马克思主义哲学中国化以及中国传统哲学创新转化的探讨中。随着马克思主义哲学中国化的不断推进，随着其与中国实际的深度融合，在中国共产党的领导集体以及国内外的专家学者们的共同努力下，有关马克思主义哲学与中国传统哲学相结合的理论探讨也取得了重大的成果。

一、中国共产党领导集体的理论成果

马克思主义哲学与中国传统哲学相结合的理论成果，首先体现在中国革命与社会主义建设理论发展过程中的两次历史性飞跃中。第一次飞跃是毛泽东思想的形成，第二次飞跃是中国特色社会主义理论体系的形成与不断完善。中国共产党的历代领导集体在将马克思主义哲学基本原理和中国革命与建设实践相结合的过

程中，在以马克思主义哲学为指导对传统哲学的创新转化的过程中，使得中国化的马克思主义哲学体现出了中国作风与中国气派。

首先，毛泽东思想作为马克思主义哲学与中国传统哲学相结合的产物，开创了在马克思主义哲学的指导下对中国传统哲学进行辩证扬弃与创新转化的先河。毛泽东本人积极倡导在马克思主义研究中要体现出中国人所喜闻乐见的"中国作风"与"中国气派"。他本人也身体力行，在其代表性的哲学著作《实践论》和《矛盾论》中，对中国传统哲学中的实事求是、知行合一、矛盾思想等进行了创造性的改造与应用。毛泽东思想是马克思主义哲学与中国传统哲学相结合的重大理论成果。

其次，中国特色社会主义理论体系也闪耀着马克思主义哲学与中国传统哲学融通发展的理论智慧的光芒。邓小平关于小康、真理标准、"三个有利于""解放思想，实事求是""一国两制"等的论述，江泽民的"三个代表"重要思想，胡锦涛的科学发展观、和谐社会以及习近平的"四个全面""五位一体""人类命运共同体"等，便是在不同阶段的实践要求下，将马克思主义哲学科学世界观、方法论，将其辩证唯物主义与历史唯物主义的原理同中国传统哲学有机融通的产物。

随着中华民族伟大复兴中国梦的提出，以习近平同志为核心的党中央在新时期提出了坚定文化自信，结合新的实践目标与时代要求推动中华优秀传统文化创造性转化和创新性发展的任务，这为马克思主义哲学与中国传统哲学相结合研究提供了发展契机。

二、国内专家学者的理论成果

国内专家学者对马克思主义哲学与中国传统哲学相结合的研究主要是从学理上进行的，从马克思主义哲学中国化与中国传统哲学创新转化的双重视角，对马克思主义哲学与中国传统哲学实现融通的必要性、可能性、融通机制与方法，以及融通的依据和过程等进行理论上的梳理与论证。

近代以来有关中西马融通的探讨中，新儒家的研究颇具影响力。新儒家是中国现代与马克思主义派、自由主义西化派并存的重要学术流派，主张返宗儒家，融合中西哲学，以建立新儒学。以冯友兰为代表的一批中国文人立足中国传统哲学，对儒释道思想特别是作为其核心的儒家心性论的思想做出新的诠释，积极探索与西方文化特别是西方哲学相结合的中国传统哲学的现代转型之路。关于西方哲学与中国传统哲学的结合，新儒家试图以中国传统哲学为主体去借鉴和吸收西方哲学思想来实现中国传统哲学的复兴。新儒家在结合中西哲学上所做的努力，他们对西方重科学轻价值、重利轻义等现代性问题的反思，对于应对西方现代社会所面临的价值失守、意义空场等一系列问题有着积极的意义。新儒家之外的一些专家学者也对马克思主义哲学与中国传统哲学的结合发展进行过理论的探索。

王向清在《冯契与马克思主义哲学中国化》中，从马克思主义哲学的基本原理、观点立场出发，用历史与逻辑相统一的方法，从近代中国社会哲学发展史入手，指出中国传统哲学发展的源泉与动力在于社会实践。同时从认识论着手，创建了"智慧说"，并对传统哲学中的人学思想进行了深入发掘与再发挥来重新解读中国传统哲学。

陈先达的《马克思主义和中国传统文化》认为应当从社会意识形态的高度来重新审视二者的关系，认为马克思主义中国化与中国传统文化的现代化是同一个过程。该书对坚持马克思主义在社会主义先进文化建设中的指导地位，坚持马克思主义在中国社会意识形态领域的指导地位，实现中华优秀传统文化创造性转化和创新性发展，进行了深刻的理论分析和学理论证。

安启念在《当前中国马克思主义哲学需要回答的五个问题》中提出，生活实践是理论的生命之源，随着生活实践的变化，理论必须不断创新才能解答不断涌现的新问题，而这也关系到理论的前途命运。随着改革开放的进一步推进，中国的国情与社会实践都发生了翻天覆地的变化，马克思主义哲学的发展需要对五个问题做出解答：原有发展模式导致的环境、生态恶化问题需要我们重新反思人与自然的关系；市场经济发展带来的贫富差距与社会矛盾需要我们重新反思人与人的关系；腐败现象、道德失范、拜金主义等问题需要我们重新反思人与自身的关系；长期以来将物质财富的增加视为价值目标所带来的人与人、人与自然、国与国之间的尖锐矛盾需要我们重新确立正确的价值目标；如何从哲学方法论的高度为国家的创新发展提供科学指导。要解决这些问题，马克思主义哲学的辩证唯物主义和历史唯物主义的真理性与方法论价值不容忽视也永不过时。上述五个问题都关乎价值理性，而关于自由王国的实现以及人的全面发展的关乎价值理性的问题，我们在以往的哲学研究中仅仅从生产力决定论的线性关系入手，简单地认为这是生产力发展之后自然就能解决的问题。如今，社会实践的发展呼唤价值理性，正如列宁所说，生活实践的发展会时而把马克思主义的这个方面，时而把它的那个方面摆在第一位。因此，实践的发展，新问题的出现，需要马克思主义哲学不断创新。

杨谦在其《中国哲学的现代追寻：马克思主义哲学中国化的过程与机制》一书中认为，马克思主义哲学中国化的可能性与现实性就在于其坚持与中国实际相结合，并满足了中国革命和建设的实践的需要，解决了实践中不断涌现的各种问题。中国实际内在地包含中国传统文化，而中国传统文化又内在地包括中国传统哲学。所以马克思主义哲学中国化也内在地表现为用马克思主义基本原理对中国传统哲学进行改造，使之真正实现以人的自由全面的发展为宗旨的创新转化，而这也是中国现代哲学发展的本质内涵与价值诉求。该书作者把马克思主义哲学中国化的内在机制与转化过程概括为文本互动、思想交锋、视界融合、综合创新四个环节，把马克思主义哲学中国化的过程看作在中华文化的话语系统中实现的；把马克思主义哲学的文本与中国人从自己的前见出发进行解读的文本之间的互动过程，看作在多元文化的碰撞交锋中、在与中国传统哲学的视域融合中、在中国理论家的综合创新中的中国化的马克思主义哲学的建设过程与中国哲学的现代化过程。

方军在《论马克思主义哲学与中国传统哲学相结合》一文中认为，马克思主义哲学的中国化就是马克思主义哲学基本原理和中国革命与建设实践的结合，同时也是马克思主义哲学与中国传统哲学中的优秀思想元素的结合。该文对马克思主义哲学与中国传统哲学相结合的可能性、必要性以及结合的路径、结合的具体方法进行了分析论述，认为二者相结合的最优路径与方法就是将马克思主义哲学的基本理论转化为针对中国哲学史研究的方法论指导。

丁祯彦在《马克思主义哲学与中国传统哲学相结合的理论思考》一文中认为，马克思主义哲学与中国传统哲学中的优秀文化元素相结合的过程是二者实现优势互补、共同繁荣的过程。中国传统哲学在马克思主义哲学的指导下化腐朽为神奇，消极元素被清除，而马克思主义哲学通过从中国传统哲学中借鉴和发扬了优秀的、进步的思想内容，实现了理论自身的繁荣发展。

夏兴有、吴燕在《论当代中国哲学研究模式的转换——基于时代精神差异性的思考》一文中认为，在中国改革开放政策的作用下，中国社会正处在转型过程中。哲学作为时代精神的精华，适应时代发展的需要是中国哲学研究模式转换的根本原因与动力。中国哲学研究模式的转换要实现从传统农业社会的狭隘视域向现代性视域的转换，用价值理性合理规约工具理性，用道德与价值的正义性判断取代简单的是非判断。中国哲学转换的路径是要坚持开放包容的姿态。

凡此种种，不胜枚举。在其中我们看到国内学者在推动马克思主义哲学与中国传统哲学相结合的过程中，从理论与实践层面所做出的努力。这也为马克思主义哲学中国化与中国传统哲学的创新转化提供了可资借鉴的理论资料与方法。

三、国外专家学者的相关研究

国外学者关于马克思主义哲学与中国传统哲学相结合的研

究，主要是从文化心理以及哲学的角度进行的，探讨了马克思主义哲学之所以能够为中国人所接受的文化心理因素，探讨了毛泽东哲学中对马克思主义哲学与中国传统哲学的结合，以及在马克思主义哲学的文本翻译过程中所受到的中国传统哲学的影响。

关于马克思主义哲学与中国传统哲学结合的文化心理因素，德国学者皮特·奥皮茨在《从儒学到共产主义》《龙的子孙——从孔子到共产主义的中国之路》等著作中从文化心理的角度分析了中国先进知识分子从儒家思想这一中国传统社会的主流意识形态出发，逐渐接受马克思主义并迅速成长为共产主义革命者的文化心理过程。美国学者窦宗仪在《儒学与马克思主义》一书中从比较文化的角度，提出"马克思主义和儒家都致力于阐明唯物主义一元论的世界观和进化的世界观"①，认为马克思主义哲学与中国儒家哲学是大同小异的关系，二者在辩证唯物主义上有很多一致性。美国学者魏斐德认为中国古代唯物主义哲学家王夫之的思想与马克思主义哲学历史唯物主义思想非常相似。英国学者李约瑟认为朱熹理学与马克思主义哲学的辩证唯物主义关系密切，甚至提出辩证唯物主义产生于中国，后通过传教士宣介到西方，再经过马克思的科学处理之后又传回中国的观点，并且他认为这就是中国人能够接受马克思主义哲学的辩证唯物主义思想的原因。

关于毛泽东哲学中对马克思主义哲学与中国传统哲学的结合，美国学者斯图尔特·施拉姆指出，毛泽东的《矛盾论》与《实践论》的理论渊源可以追溯到中国传统哲学的"实事求是"

---

① 窦宗仪：《儒学与马克思主义》，刘成有译，兰州大学出版社，1993，第28页。

的思想以及阴阳辩证思想，是按照中国环境和中国文化的需要对马克思主义哲学进行改造的产物。他认为毛泽东思想与邓小平理论都是在坚持中国特色的同时寻找一条现代化的道路，向西方特别是向马克思主义学习。魏斐德在《历史与意志：毛泽东思想的哲学透视》中对毛泽东思想产生的中西方知识文化背景进行了分析，认为他的哲学思想深受中国传统哲学的影响。

关于中国传统哲学对马克思主义哲学文本翻译过程的影响，德国学者李博认为马克思主义哲学文本在经过翻译介绍到中国之后，其中的许多概念、范畴都有了中国化的表述。这些产生于中国传统哲学中的语词在成为马克思主义哲学的专业术语之后，既实现了对自身语义内涵的超越，也影响了中国人对马克思主义哲学的理解。随着时代的发展，这些概念与范畴会被不断赋予新的时代特质与文化内涵，同时在马克思主义哲学中国化的过程中还会有更多在经典著作中没有的新的概念与范畴被创生出来，不断丰富与发展马克思主义哲学的概念范畴体系。

从西方学者关于马克思主义哲学与中国传统哲学相结合的研究中，我们看到了西方人对中国传统哲学的关注以及对马克思主义哲学中国化的研究热情，其中从文化背景与社会心理入手所进行的探讨很有启发性。

第三节　研究方法与创新之处

本书在坚持马克思主义哲学科学世界观、方法论指导的前提下，综合应用多种研究方法，具体包括以下几种：

第一，历史与逻辑相统一的方法。要在客观地把握马克思主义哲学与中国传统哲学的相结合历史的同时，揭示出二者相结合的内在规律性，将理论发展的历史过程与逻辑过程结合起来，实现历史与逻辑的统一。

第二，继承与创新相结合的方法。马克思主义哲学与中国传统哲学在相结合的过程中，既有对中国传统哲学的批判继承，也有在扬弃基础上结合新的时代特点与实践需要进行的转化与创新，这就需要在理解经典文本原意的基础上，坚持问题导向与实践导向，结合当前理论与现实发展的需要，挖掘出理论中更多具有科学性、革命性、时代性的深刻内涵，通过理论创新使之焕发出新的生机与活力。

第三，比较文化的方法。在综合把握马克思主义哲学与中国传统哲学的理论特质与思想内涵的基础上，探讨马克思主义哲学与中国传统哲学的内在相通性，找到二者实现相互融通的内在契合点。通过比较文化的研究，在综合把握二者差异性与相通性的基础上，实现二者的深度融合与共同发展。

第四，理论与实践相结合的方法。将马克思主义哲学中国化的理论发展与建设中国特色社会主义的社会实践和构建中华民族共有精神家园的文化创新结合起来，从而进一步推动马克思主义哲学中国化、时代化、大众化，使理论自身更加具有中国作风与中国气派。

鉴于以往对马克思主义哲学中国化的理论探讨更多侧重于马克思主义哲学与中国特色社会主义在政治层面的结合，对于文化特别是哲学方面相结合的探讨相对较少的现状，本书重点从马克思主义哲学与中国传统哲学的视域融合的角度，从马克思主义哲学的民族性与世界性相结合的层面，从多元哲学融通的视角，探讨马克思主义哲学在中国化的过程中与中国传统哲学的交互影响和双向建构的过程。本书以马克思主义哲学与中国传统哲学相结合为研究对象，从理论与实践两个角度，从时间与空间两个维度，从民族性与世界性两个层面，从自然、社会、人心三个领域，对马克思主义哲学与中国传统哲学的理论特质、发展前景、融通机制及现实关怀等方面进行了分析与论述。本书将马克思主义哲学中国化、时代化、大众化的发展需求与中国传统哲学创新转化的现实需要相结合，希望能够在二者的融通发展过程中，通过相互建构与整合实现共同发展，为中国化的马克思主义哲学理论的发展略尽绵薄之力。

第一章　马克思主义哲学与中国传统哲学相结合的必要性和可能性

　　马克思主义哲学中国化是马克思主义哲学与中国实际以及时代精神相结合的中国化、时代化、大众化的发展过程，而中国实际就包括中国历史与中国文化。中国传统哲学作为中国传统文化的核心，是中华民族几千年思想文化的精华，是中国人独特的精神标识，它内在地构成并影响着中国人的精神特质与性格特点，是割不断的精神纽带，抹不去的文化烙印。对马克思主义哲学与中国传统哲学相结合路径与机制等的研究，是马克思主义哲学中国化能够顺利推进的理论基础，也是中国传统文化在现时代创新转化、重获生机的理论契机。要探讨二者相结合的问题，首先就需要对二者实现融通的必要性和可能性进行分析。

第一节 马克思主义哲学与中国传统哲学 相结合的必要性

马克思主义哲学与中国传统哲学相结合的过程是马克思主义哲学中国化的过程，同时也是中国传统哲学创新转化的过程。实现二者的相互建构与融通，是马克思主义哲学与中国传统哲学理论自身发展的需要，也是中国革命与建设实践的需要，还是世界与时代发展的需要。

一、理论自身发展的需要

首先，这是马克思主义哲学自身发展的需要。马克思主义哲学作为时代精神的精华，是民族性与世界性、理论性与实践性相统一的科学的世界观与方法论。作为根植于西方文化传统，而以探索世界普遍真理和全人类的解放为最终理想的科学理论，马克思主义哲学的这种普遍性、世界性以及人类性的理论特质与理想追求决定了其必然会摆脱传统哲学狭隘的民族性与地域性的束缚而走向世界。因此，马克思主义哲学的民族性是与世界性结合在一起的，并不是囿于单个民族范围内的民族性，而是能在世界范围内广泛传播与发展的民族性，是民族性与世界性的辩证统一。马克思主义哲学作为在实践的基础上以解释世界与改造世界为己任的科学的世界观和方法论，这决定了其普遍原理在与各国、各民族的具体实践和文化传统相结合的过程中会呈现出多样化的民族特色。民族化是马克思主义哲学自身发展的内在要求。马克思主义哲学正是在与民族特色相结合的过程中不断走向世界的，而离开了民族性的马克思主义哲学只会沦为僵死的教条，丧失理论的生机与活力。作为放之四海而皆准的普遍真理，马克思主义哲学的真理性也只有通过民族性才能真正地展现出来。马克思主义哲学与中国实际以及时代精神相结合的中国化的过程，正是马克思主义哲学不断与时俱进，在民族化的过程中走向世界的过程。作为外源性的思想理论，随着马克思主义哲学中国化的不断推进，其与中国实际的结合也在不断向纵深推进，而中国实际就包括中国历史与中国文化。中国传统哲学是中国传统文化的核心，马克思主义哲学能否以及如何与中国传统哲学实现内在的相互建构与融通，关系到马克思主义哲学中国化的顺利推进，关系到马克思主义哲学在世界范围内的传播与发展，这是马克思主义哲学自身发展的必然要求。

其次，这是中国传统哲学自身发展的需要。中国传统哲学作为中国传统文化的核心，是中华民族共有精神家园的主要构成，是中国人自我认同的依据与文化自信的来源。近代以来，中国与一些资本主义国家在军事、科技、政治等领域的较量中频频失守，使得中国人对根植于中国传统社会的中国传统哲学也渐渐失去了信心。中国传统哲学在西学东渐的文化浪潮中，逐渐意识到了自身的缺陷与不足，在与各种文化思潮与学说的交流中，开始了其向现代的创新转化的历程。这些尝试虽然给中国传统哲学增加了许多现代的思想元素，但真正能够经得起实践检验的，还是立足于马克思主义哲学对中国传统哲学进行的改造。马克思主义哲学与中国传统哲学相结合是中国传统哲学在现代实现理论的创造性转化和创新性发展的需要，为中国传统哲学在新时期重现生机与活力提供了发展契机。

最后，是科际整合与视域融通背景下理论未来发展的需要。当今时代，随着全球化的发展，古今中西历史大视域正在逐渐形成。在多元思想碰撞的科际整合与视域融通的大背景下，只有不断推动马克思主义哲学与中国传统哲学相结合，才能在保持理论自身的独立性与独特性的前提下，兼收并蓄，增强理论自身的文化包容性与通约性、解释力与延展性，扩大理论的影响范围，使中国化的马克思主义哲学得到更广泛的世界认同与文化接纳。

二、中国革命与建设实践的需要

马克思主义哲学作为理论性与实践性相统一的哲学理论，其能够被中国社会接受并产生出中国化的一系列理论成果，很重要的原因在于其对中国革命与建设实践中的现实问题做出了科学的回应与解答。毛泽东思想以及中国特色社会主义理论体系，作为马克思主义哲学中国化的重要理论成果，正是在坚持以问题与实践为导向的前提下，将马克思主义哲学与中国实际特别是中国传统哲学相结合的产物。毛泽东的"实事求是"的原则以及《矛盾论》《实践论》《论持久战》等理论成果，邓小平关于小康、真理标准、"三个有利于""解放思想，实事求是""一国两制"等的论述，江泽民的"三个代表"重要思想，胡锦涛的科学发展观、和谐社会以及习近平的"四个全面""五位一体""人类命运共同体"等，便是在不同阶段的实践需求下，将马克思主义哲学科学世界观、方法论，将其辩证唯物主义与历史唯物主义的原理同中国传统哲学有机融通的产物。

如今，中华民族伟大复兴中国梦以及道路自信、理论自信、制度自信、文化自信的提出，"一带一路"以及全面深化改革不断向纵深推进，这些均要求我们在坚持马克思主义哲学在意识形态领域的指导地位的同时振兴中华文化，推动实现中华优秀传统文化的创造性转化和创新性发展，在马克思主义哲学与中国传统哲学的结合发展中取得更多具有中国作风与中国气派的理论成果。

三、世界与时代发展的需要

世界范围内，随着全球化的更广泛推进，人类命运共同体的构建，没有任何一个国家可以闭关自守、偏安一隅。当今时代，世界多元文化的互动日益频繁，中华文化在走向世界的过程中，要在反对文明冲突论的同时，以更加包容的姿态推动多元文化的交流互鉴，以马克思主义哲学科学世界观、方法论为指导，兼收并蓄、博采众长，为世界性问题的解决提供中国智慧、中国方案。

面对全球化背景下日趋激烈的国际竞争，中国要想自立于世界民族之林，就要不断增强核心竞争力，而理论文化所代表的软实力的作用不容小觑。这同样要求我们在推动马克思主义哲学与中国传统哲学相结合的过程中，吸收西方现代及后现代思想理论中的积极合理因素，在多元文化的互动中，不断推动理论的创新发展。

工具理性的膨胀在推动西方工业文明发展的同时，也不可避免地产生了一系列现代性问题与困境，究其疗愈之法，便是在批判工具理性的同时，重现价值理性的光辉。这就需要我们以马克思主义哲学科学世界观、方法论为指导，通过将马克思主义哲学与中国传统哲学相结合，以中国智慧推动和谐世界的构建。

第二节　马克思主义哲学与中国传统哲学 相结合的可能性

马克思主义哲学作为源自西方的哲学理论，它能够被宣介到中国并被中国民众接受，并不是偶然的。弄清楚马克思主义哲学中国化得以实现的理论依据与文化基础，特别是与作为其文化底蕴的中国传统哲学之间相互接纳与建构的可能性，不仅可以有效地助推马克思主义哲学中国化向纵深方向发展，更有利于促成中国传统哲学在新时代的创新转化。

首先，从马克思主义哲学实现中国化发展的文化底蕴来看，中国传统哲学作为马克思主义哲学中国化深厚的文化基础，马克思主义哲学中国化便是在马克思主义哲学与中国传统哲学的互动交融中实现的。许全兴认为，作为人类最先进思想文化的马克思主义不可能在一块思想文化贫瘠的土壤中生根、发芽、开花和结果，历史悠久的中华传统文化为马克思主义在中国的传播和发展提供了基本条件。① 例如，与马克思主义哲学讲科学的实践观、讲一切从实际出发相类似，中国传统哲学主张"经世致用"和"实事求是"。"实事求是"的命题最早产生于汉代，强调通经博

① 许全兴：《马克思主义哲学自我革命》，中国社会科学出版社，2009，第97－101页。

史学文的目的是"经世""致用"，做学问要关注现实需要，要有益于国计民生。后来经过唐代的颜师古，明清之际的黄宗羲、顾炎武、王夫之、颜元，再到清末的龚自珍、魏源等的理论创新，其思想内涵更加丰富。此后，随着马克思主义哲学传入中国，并与中国革命实践以及社会主义改革和建设实践相结合，中国的马克思主义者毛泽东、邓小平等在继承中国传统哲学"经世致用"的思想主张的基础上，从马克思主义哲学科学的、革命的实践观出发，致力于将马克思主义哲学的基本理论和方法应用于中国社会，用马克思主义哲学科学世界观、方法论来指导中国革命与建设实践，在科学分析中国社会现状的基础上制定正确的路线方针政策。这是在马克思主义哲学中国化过程中，马克思主义哲学与中国传统哲学在文化共性基础上实现融通的典范。

马克思主义哲学与中国传统哲学相结合有着深厚的文化基础。第一，二者都是以人的发展与价值的实现为理论宗旨和道德理想的。马克思主义哲学从人类社会历史发展角度入手，认为共产主义社会是人实现全面解放与发展的真正自由的社会，是人类社会辩证发展的必然结果。而这一人的主体性充分自由发挥，自我实现与价值超越的共产主义社会，与传统儒家文化的"大同"社会理想存在内在的一致性。第二，二者都具有积极入世、乐生贵生的精神特质。马克思主义哲学是能动的、实践的、发展的哲学，这决定了它不仅能够科学地解释世界，而且能够积极主动地改造世界，而改造的过程就是辩证的否定的过程，是创新的过程，是扬弃的过程。在马克思主义哲学中随处体现着锐意进取、大胆创新的积极入世的实践精神，同时作为尊重人的主体性、高扬人的价值的主体性哲学，马克思主义哲学关注人的自由全面的发展，提倡积极乐观有为的生活态度。这与儒家哲学自强不息的乾道精神、生生不息的生活态度是一致的。第三，二者都重视人民群众创造历史的作用。马克思主义哲学主张人民群众是历史的创造者，重视人的力量在社会发展中的作用；而儒家以水与舟的关系作比，提出"民贵君轻""得道多助"、以民为本的政治主张，二者有相似之处。第四，马克思主义哲学的矛盾思想与儒家哲学的中庸之道、和同之道、阴阳之道，道家哲学的有无、难易、祸福之辨以及兵家关于存亡、死生的论述存在相通之处。同时，马克思主义哲学的联系发展的思想与儒家哲学变化日新的观点等也存在相契合之处。总之，从马克思主义哲学中国化的文化基础来看，作为其文化底蕴的中国传统哲学与马克思主义哲学有许多相似之处。这表明，马克思主义哲学与中国传统哲学之间存在相互建构、融通发展的历史文化基础。马克思主义哲学与中国传统哲学之间相互建构与融通的过程，既是马克思主义哲学持续不断地中国化的过程，也是中国传统哲学在马克思主义哲学的指导下走向现代，实现创新转化的过程。

其次，马克思主义哲学与中国传统哲学的结合不仅有其深厚的文化基础，二者在内在的逻辑结构上也存在着同构性。在西方哲学发展过程中，一直贯穿着一条主线，那就是哲学的基本问题，即思维与存在的关系问题，而这一问题有本体论与认识论两种不同的提问方式，对这一问题的不同回答，是区分西方哲学不同派别的主要依据。马克思主义哲学因其具有西方哲学背景，自然也需对这一问题做出回答。在中国传统哲学中，虽然没有思维与存在这样明确的概念表述，但在哲学发展的不同历史时期都以不同的形式对它进行了探讨。具体表现为先秦时期的"天人"

"名实""道器"之辨，西汉时期的"神形"之争，魏晋、隋唐时期的"有无""言意"之争，宋明时期的"理气""心物"之辨。虽然中国传统哲学的这些思考更多地是从心性修养的角度提出的，与西方稍有不同。但不能否认，哲学基本问题同样也是在中国传统哲学的发展历程中贯彻始终的，作为中国传统哲学与马克思主义哲学相结合的逻辑出发点，思维与存在的关系问题同样也是中国传统哲学产生与发展的逻辑起点。这就从其理论的逻辑出发点上回答了马克思主义哲学与中国传统哲学能够相互融通的可能性问题。另外，二者不仅在逻辑起点上具有一致性，在逻辑结构即逻辑范畴体系上也存在着同构性，这也是二者能够相结合的内在依据。同一和差异、原因和结果、必然和偶然作为马克思主义哲学的逻辑范畴，与中国古代哲学中墨家"类""故""理"的逻辑范畴体系在逻辑上实现了同构。"察类""知类"需要辨别同异，即同一与差异；"求故"需要分析事物的理据，即原因与结果；"明理"需要了解"必然之则"与"当然之则"，即必然与偶然、可能与现实。所以，虽然马克思主义哲学与中国传统哲学对某些逻辑概念范畴的具体表述不同，但本质上是逻辑同构的，这就从逻辑学上为二者融通提供了新的根据。

最后，从哲学体系来看，中国传统哲学与马克思主义哲学也有许多共通之处。第一，中国传统哲学的朴素辩证法思想与马克思主义哲学的辩证法存在着内在的一致性。先秦时期的《易传》《老子》《孙子兵法》等许多著述中都有关于联系、运动变化发展、矛盾等辩证法概念范畴的探讨，这种契合性对马克思主义哲学中国化起到了积极的作用，产生了广泛的影响。毛泽东的《论持久战》《矛盾论》等许多著述作为马克思主义哲学中国化的理论成果，正是在吸纳与发扬中国传统哲学的辩证法思想的基础上，应用马克思主义哲学的科学实践观与方法论，对中国革命的实践经验从哲学理论的高度进行了科学的、深层次的分析、概括与总结，推动了马克思主义哲学中国化的发展。邓小平理论、"三个代表"重要思想、科学发展观、习近平新时代中国特色社会主义思想，也都蕴含着丰富的中国化的马克思主义哲学的辩证法智慧。第二，中国传统哲学的认识论、知行观与马克思主义哲学认识论、科学实践观也有许多契合之处。知行关系问题作为中国传统哲学的关键课题，中国历史上的许多哲人对其进行过论述：孔子讲"学而知之"，荀子推崇"行高于知"，汉代王充重申"知物由学""学之乃知"，王夫之讲究"行先知后"，黄宗羲认为"学贵践履"，颜元主张"知从行来"，孙中山提出"知难行易"。虽然中国传统哲学的知行关系大多指的是一种道德认知与德性践履，但其中也蕴藏着现代科学实践论的萌芽。毛泽东的《实践论》正是以马克思主义的实践观、认识论为指导，与中国具体的革命实践要求相契合，对中国传统哲学的知行观进行了创新转化，提出了能动的、科学的、革命的认识论思想，是马克思主义哲学中国化过程中产生出的重要的理论发展成果。第三，中国传统哲学思想体系中的历史观与马克思主义哲学的唯物史观也存在公度性。中国传统哲学对社会历史发展也有自己积极主动的思考，其中以变易的历史观和进化的历史观最有影响力。变易的历史观出自《易传》"日新""生生"的变易思想，这种变易的思想可以看作后来改革、革命思想的雏形。这种思想认为社会历史处在永恒的变动与发展过程中，相应地，其中的政治、法律等制度层面与观念、态度、价值观等意识形态层面都要随之改变。正如龚自珍所言，"自古及今，法无不改，势无不积，事例无不变迁，风气无不移易"。到了中国近代，面对西学东渐的文化潮流，中国的先进知识分子更加深刻地感受到世界的巨大变化与传统社会结构和形态的剧烈变动，"中国该向何处去"是他们亟须解决的时代课题，他们对近代社会历史不断变化的认识，对社会变革的思考，进一步丰富了变易的历史观的内涵，赋予其更多的时代内容与特质。然而变易的历史观由于缺乏对社会发展规律的科学认知与把握，并不是科学的历史观。但其中所蕴含着的有关变革的思想与马克思主义哲学的唯物史观有众多共通之处，这也成为马克思主义哲学中国化能够实现的理论契合点。进化论的历史观主张将达尔文生物进化论应用到社会历史领域来解释社会历史的发展，认为"物竞天择，适者生存"的法则同样适用于社会历史的发展，弱肉强食、优胜劣汰的自然法则是历史前进的动力。进化论的历史观认为人类社会与自然界一样，都是一个不断进化发展的过程，这一说法有其合理的地方，其与马克思的唯物史观也有许多契合之处。

综上所述，马克思主义哲学与中国传统哲学有许多契合之处，这就为马克思主义哲学中国化与中国传统哲学的创新转化的实现提供了可能性。

第三节　马克思主义哲学与中国传统哲学 相结合的过程

马克思主义哲学与中国传统哲学相结合的过程，是马克思主义哲学中国化的发展过程与中国传统哲学的创新转化过程的有机统一。关于马克思主义哲学中国化的观点最早见于 1923 年 5 月李达在其名为《马克思学说与中国》的文章中提出的马克思主义哲学中国化的要求,李达认为马克思主义哲学思想应当"按照中国国情""考虑中国社会的特殊性"① 来应用。1938 年 4 月,艾思奇在《哲学的现状和任务》的文章中提出"现在需要来一个哲学研究的中国化、现实化的运动"②。在六届六中全会上,毛泽东提出,中国共产党人要学会将马克思主义的理论原理应用于中国社会的具体环境,"使之在其每一表现中带着必须有的中国的特性,即是说,按照中国的特点去应用它",从而让马克思主义具有"新鲜活泼的、为中国老百姓所喜闻乐见的中国作风和中国气派"③。马克思主义哲学中国化的过程,最起初就是与中国社会的革命实践与社会主义建设实践结合在一起的,是与中国传统文化特别是中国传统哲学的优秀元素相融通的过程。马克思主义哲学与中国传统哲学的结合不仅仅具有理论上的可能性,更具有实践上的现实性。

中国的马克思主义者在马克思主义哲学的指导下,对中国传统哲学思想进行了科学的扬弃,结合中国革命实践以及社会变革和建设的实践,取得了众多马克思主义哲学中国化的理论与学术成果。马克思主义哲学与中国实际相结合的过程,正是马克思主义哲学在中国从传播、普及到应用的过程,是中国化的马克思主

---

① 王向清:《学术层面马克思主义哲学中国化的逻辑发展》,《马克思主义与现实》2007 年第 6 期。

② 《艾思奇文集》第 1 卷,人民出版社,1981,第 387 页。

③ 《毛泽东选集》第 2 卷,人民出版社,1991,第 534 页。

义哲学理论体系的不断产生与完善的过程。

在新文化运动时期，马克思主义哲学最先传入并实现中国化的理论部分是其唯物史观的思想。中国早期的马克思主义者，如李大钊、陈独秀、毛泽东、周恩来、李达、蔡和森、恽代英等人，在向国人宣介马克思主义哲学思想时，主要侧重于对马克思主义唯物史观部分基本概念原理的介绍。这引发了中国社会关于问题与主义、科学与文化的大讨论。关于中国社会向何处去的问题，俄国十月革命的胜利让中国早期的马克思主义者看到了希望，他们在宣传马克思主义关于社会发展规律与动力、阶级矛盾与阶级斗争以及理想社会形态等科学理论的过程中，积极探索解决中国问题的方案，进而将马克思主义的阶级斗争学说与中国工人运动相结合，将实现全人类解放与人的自由而全面的发展的终极理想和反帝反封建革命斗争相结合，对中国共产党的建立与中国革命的发展起到了巨大的推动作用。但是，由于社会历史环境的局限，中国早期的一些马克思主义者在宣介与运用马克思主义哲学的过程中，存在着只传播唯物史观而对哲学体系的完整性重视不够的片面性、对中国传统文化全盘否定的形而上学性、与中国实际结合不够的教条主义等缺陷以及对唯物史观的理解过于主观而出现的理解偏差与错误。在对待中国传统哲学的态度上缺乏辩证的、历史的、科学的分析，以片面的否定为主，存在对文化民族性重视不够的问题。

两次国内革命战争时期，马克思主义哲学的辩证唯物主义在中国逐步传播与普及。瞿秋白、李达、艾思奇等对于宣介与推动马克思主义哲学的中国化，起到了积极的作用。这一时期，针对党内将马克思主义哲学的原理原则化、教条化，将苏俄革命经验神圣化的错误倾向，以毛泽东为代表的中国马克思主义者同党内教条主义和经验主义进行了彻底的斗争。通过思想上的拨乱反正，毛泽东在集中全党智慧与总结革命经验的基础上，将马克思主义哲学的基本原理和实践方法与中国具体的革命实践以及中国传统哲学的智慧创造性地结合起来，开创了农村包围城市，最终夺取政权的道路。毛泽东的《实践论》《矛盾论》正是马克思主义哲学的中国化在这一时期最重要的理论成果。

抗日战争和解放战争时期，中国的马克思主义者将马克思主义哲学的唯物史观与阶级分析法应用到对中国思想文化史的研究当中，主张用辩证的否定的方法对中国传统哲学与哲学史进行科学的扬弃，抛弃其中腐朽的封建糟粕与错误观念，提取出其中具有科学性、批判性、现代意义与价值的思想精华，梳理中国传统哲学中的唯物辩证法传统和历史唯物主义传统并加以改造吸收。代表性成就有毛泽东的《论持久战》，郭沫若的《青铜时代》《十批判书》，侯外庐、赵纪彬、杜国庠合著的《中国思想通史》等文史方面的著作等。在《论持久战》这篇文章中，毛泽东把马克思主义哲学理论体系中的辩证法、历史观等科学的理论和实践方法与中国革命的具体实践相结合，在总结战争经验的基础上，从战略的高度为中国社会的发展以及马克思主义哲学中国化指明了方向和道路。

社会主义革命和建设时期，从 1949 年中华人民共和国成立到 1978 年党的十一届三中全会召开之前，中国经历了从新民主主义革命向社会主义革命的过渡、全面建设社会主义的成功与失误以及"文化大革命"等复杂的历程。马克思主义哲学的中国化发展与当时的社会实践发展过程一样，也经历了一段曲折发展的历程。新中国成立初期，以毛泽东为代表的中国共产党人，将马克思主义哲学的辩证唯物主义和历史唯物主义运用到对中国社会现实与基本矛盾的分析中，制定了一系列正确的路线、方针、政策，推动了社会主义革命和建设事业的蓬勃发展，在实践基础上丰富并发展了马克思主义哲学，促进了马克思主义哲学与中国实际的融合。到了社会主义全面建设时期，我们党注重对马克思主义哲学思想体系中的科学的实践方法论的学习、把握与应用，在坚持辩证唯物主义以及历史唯物主义的基本原则的基础上提出了一般号召与个别指导相结合、从群众中来到群众中去、"解剖麻雀"等科学的工作方法，增加了理论的普及力度与范围，将哲学与群众生产生活实践相结合，鼓励群众在生活与工作中开展对唯心主义与形而上学等错误观念的批判，在实践中推动理论的创新与发展。"文化大革命"时期，由于我们党对当时中国社会主要矛盾以及阶级斗争形势的错误判断，马克思主义哲学的中国化在理论与实践上均处于停滞不前的状态。毛泽东思想正是在不断推进的马克思主义哲学中国化的过程中产生、发展与完善起来的，是马克思主义哲学的普遍原理同中国革命以及社会建设的实践经验与中国传统哲学的思想精华相结合的理论成果。十一届三中全会以后，我们党重新确立了马克思主义思想路线，进入了改革开放的新时代，开创了马克思主义哲学中国化的理论发展新阶段，产生了邓小平理论、"三个代表"重要思想、科学发展观与习近平新时代中国特色社会主义思想。如今，要实现中华民族伟大复兴的中国梦，要解决人民日益增长的美好生活需要和不平衡不充分的发展之间的矛盾，需要有足够的勇气与智慧将改革进行到底，在新时期如何实现马克思主义哲学与中国传统哲学的深度融合，实现理论的创新发展，是时代赋予哲学理论工作者的新的使命担当。

总之，马克思主义哲学与中国传统哲学相结合的过程是西方和东方的两种文化系统之间的深度交流与对话的过程。马克思主义哲学中国化的过程是中国本土的诠释者从古今中西时空交织的思想文化发展的理论视野出发，在对马克思主义哲学经典文本的中国化诠释的过程中，在中国本土文化与外来多元文化的冲突对抗与接纳和解的过程中，在历史的、世界的视域融合的过程中，实现了理论在空间地域以及历史文化多维度、多层次的拓展。随着马克思主义哲学中国化、时代化、大众化的深入推进，其与中国传统哲学的对话与交融也在向纵深发展，马克思主义哲学中国化的过程从思想文化角度可以看作其与中国传统哲学的双向建构与融通。而基于两种异质文化体系的不同哲学理论如何实现融通，需要我们对二者的理论内涵、精神特质、文化精髓、逻辑架构等进行全面、深刻、细致的把握。

第二章　中国传统哲学的思想内涵与当代价值

　　中国传统哲学作为中国传统文化的核心，以其独特的观照世界的方式塑造了中国人独特的精神特质与性格特点，是中华民族精神的根脉，是民族凝聚力与创造力的智慧之源，其独特的天人之思巧妙地将人生观、价值观与世界观统一起来，在世界文化长河中独树一帜，具有鲜明的民族特点。在现时代视域融合的大背景下，如何在吸收国外先进理念的同时坚定文化自信，如何把中国传统哲学的民族性与时代要求相结合，把马克思主义哲学的先进理念与普遍真理融入对中国传统哲学的现代转化过程，使其在现当代实现创新转化，为解决中国的现实问题提供智力支持与理论指导，需要我们首先对中国传统哲学的问题域、研究对象、研究方式、当代价值等有很好的了解和把握。汤一介认为，马克思主义哲学与中国传统儒家哲学都注重实践，都带有理想主义的特质。① 张允熠认为，马克思主义哲学同以儒家心性论为核心的中国传统哲学在实践观、伦理观、历史观、精神信仰等方面存在相通之处。② 这就需要我们将马克思主义哲学的先进理念贯注于中国传统哲学的精神实质，从民族性与时代性相融通的角度实现中国传统哲学在现时代的华丽蜕变，在解决中国现实问题的过程中实现创新转化。

第一节　中国传统哲学的内涵及特质

中国传统哲学内倾性的治学取向，使得中国哲人始终坚持向内超越、由内圣而外王的人生价值实现路径，把人生理想与社会伦理、经世致用联系起来，把价值观与人生观融通整合。中国传统哲学的研究视野始终聚焦于人学领域，探讨人自身的价值理想，追求家国同构、天人合一的人生境界，探寻人的全面发展与自由解放，追求在真善美意义上的自我实现，把个人价值的实现与社会理想的达成相结合，具有伦理的、美学的、人学的理论特色。在中国传统哲学"以人为本""成己成人""自强不息""忧国忧民"等核心命题中，随处可见中国人鲜明的主体担当意识与主人翁的责任感。将人生观与价值观相整合、家与国相建构、理想与现实相结合、理论与实践相融合，把个人的自我实现与国

---

① 汤一介：《传承文化命脉　推动文化创新——儒学与马克思主义在当代中国》，《中国哲学史》2012 年第 4 期。
② 张允熠：《马克思主义中国化与中国传统文化》，《思想理论教育》2014 年第 12 期。

家、民族的命运联系起来，在实现内在超越的同时兼济天下，这样既成就了自身的完满人格，又将终极理想的价值关怀普惠天下，实现人生理想与社会理想双赢。

一、中国传统哲学的结构

自春秋战国百家争鸣以来，中国传统哲学以其开放包容、兼收并蓄的特质，在不断融合本土多元思想文化的基础上，创造性地吸收和改造外来思想文化（如佛学思想），在魏晋南北朝时期开始出现了儒释道三家并立的局面，到宋明理学时期逐渐形成了以儒家思想为核心、儒释道三家并立的哲学思想体系。在中国传统哲学的发展历程中，儒释道三家的合流是在坚持自身的核心特质与基本观点的前提下，在不断吸纳其他各派思想精华的基础上，在多元文化的冲突与交融的过程中实现的。中国传统哲学三教合一的思想格局自确立时起，"儒为表，释为心，道为骨"和"以佛治心，以道治身，以儒治世"的文化传统便随着中国封建社会历代统治者的思想教化深入中国人的精神生活，参与了中国传统社会里中华民族精神的塑造，成为中华文明价值观的核心，共同构筑了中华民族的精神家园。

儒释道三家的合流源于三者在思想特质与文化内涵上相辅相成、殊途同归的关系：儒家仁爱，道家崇德，佛家慈悲；儒家入世，道家遁世，佛家出世；儒家正心，道家炼心，佛家明心；儒家讲修己以安人，道家讲养生穷万物，佛家讲见性度众生。虽然三教在基本观点上各不相同，但在本质上是同体同根的。一方面，儒释道三教都是以内在超越为特征的心性修养的学问。儒家以"内圣外王"为终极理想，主张在生活中体道、行道，重视反省克己的体察功夫与克念作圣的存养功夫，既要以礼义为标准反省自己在德行上的亏欠与过失，又要以忠恕之道为依据做到"毋意、毋必、毋固、毋我"（《论语·子罕第九》）。以《大学》中的"三纲"为内圣外王的三阶段，以"八条目"为内圣外王的渐次开显，而以止、定、静、安、虑、得为内圣外王的具体方法。道家以内证道体、外显大用为根本宗旨，主张通过清静无为、性命双修来实现对道之本体的了悟，而在悟道之后便可向外发力，实现道体无不可为之用。佛家以"自觉觉他"为究竟圆满，主张通过历事练心、渐修顿悟的功夫破无明、见自性，进而自觉而觉他，有情无情，同圆种智。可见，三教均以由内而外的心性修养为宗旨，希望通过德性的涵养、智慧的开显、自性的发明，提升生命的品质，实现身心的和谐。另一方面，儒释道三教都是以实现"天人合一"为共同价值诉求的学问。无论是儒家的"万物皆备于我"（《孟子·尽心上》），或是道家的"天地与我并生，而万物与我为一"（《庄子·齐物论》），又或是佛学的"随其心净，则国土净"（《维摩诘所说经》），皆表明三教虽然在心性修养方式上各有千秋，但最终殊途同归，都以实现天人合一的境界为根本归宿。儒释道三教思想在几千年的流变中，在不断地冲突与融合的过程中，真正实现了你中有我，我中有你。三教合一是中国传统哲学发展史上的大事件，标志着中国传统哲学理论主体的形成，构成了中华民族的文化根脉，搭建起了中华儿女共同的精神世界。

二、中国传统哲学的内涵

牟宗三指出，与西方以知识为中心，以理智游戏为特征的独立哲学不同，中国哲学是以生命为中心，由此展开其教学、智慧、学问与修行。① 从内容来看，中国传统哲学是以心性本体论为核心，包含辩证法、唯物论、认识论、历史观等在内的理论体系。作为心性修养学说，其思想精髓在于：以心性为本体，本体与主体不二。天命之谓性，率性之谓道，性源于天，人道不离天道，天道与人德同构，性在心中，外在世界内在于主观世界，向外的涵养是与向内的超越同时进行的，甚至向外的实践也可以在向内的涵养中完成，知与行不二。正如王阳明所言，"一念发动处便是行"，行在知中。中国哲人认为尽心知性乃知天，性是心中之理，只有通过静观玄览、反身而诚、直达本心，才能实现天人合一、顿悟至理。关于心性问题的探讨早在先秦时期就已存在，其中尤以儒家最为系统与彻底。孔子认为性相近、习相远，先天所禀赋的天命之性本无差别，而后天的熏习才是导致人与人不同的关键。但在孔子这里，心与性仍然是二不是一，二者的真正统一是从孟子开始的。孟子是心性哲学的首倡者，认为尽心知性可知天，人通过存养心性之善端便可涵养出仁、义、礼、智四德，而人德上通天道，反身而诚便可把握天道。将从人生观、价值观出发产生的对道德价值意义的觉解与对宇宙世界的认知结合起来，具有浓厚的人本主义与心理主义的色彩。中国传统哲学作为以人为本的心性学说，其唯心主义的哲学立场决定了其在回答宇宙人生的问题时不可能是科学的与彻底的，作为意识形态的儒家哲学是封建统治者维护阶级统治的工具，但作为生长在现实的生活世界中，存在于日用常行间，追求自我实现、自我觉解、自

---

① 牟宗三：《中国哲学的特质》，上海古籍出版社，1997，第6页。

我超越、自我救赎的哲学，儒学早已熔铸于中华民族的思想精髓中，儒学生活化仍然不失为其在当代实现复兴的现实路径。

当代中国哲学研究中，也多以心性论作为中心论域与理论旨归。正如《易传》所言"天下一致而百虑，同归而殊途"，不论是儒学的超凡入圣，还是道学的返璞归真，抑或是佛学的转识成智，都以反求诸己进而达到理性自觉作为主导价值。中国传统心性论哲学的文化特质与思想精髓体现在以下方面：首先是以心为本的主体性。人是道德使命的承担者与实现者，而在人这一主体中最核心的是心，心性不二，心物一元，心包太虚。可以说，心是一切的主宰与依据，心外无物，心外无事，心外无理。天地化育、宇宙生成全在人心的一点灵明，心物无内外，二者是动静、体用、感通、显隐的关系。其次是反求诸己的内在超越性。人实现自我的路径是由内而外、内圣外王的过程，通过反身而诚的心地功夫，在心上做功，方能明心见性，从而实现对自我理性的觉解、价值的超越与意义的实现。最后是不落言筌的体悟性。心性论哲学直指本心，提倡以心印心、不言而喻的顿悟功夫，认为性与天道超言绝象，不可得而闻，故唯有反身而诚的不言之教最合其本性。其强调主体通过顿悟独化才可上通下达、天人合一，因此不同主体在体悟上存在着鲜明的差异性。六籍虽存，无以明心；言象虽繁，无关妙处，唯有超越于言象方能了悟真义。当代社会，工具理性的盛行带来了一系列严重的后果，诸如价值的虚无、信仰的缺失、意义的空场、道德的滑坡、人性的堕落、理想的失落等，要想治疗这些社会痼疾唯有面向内心，回归真我，这就需要求助于中国传统心性论的智慧。

中国传统哲学探讨人的自我觉醒与自我实现，追求内生性价

值，提倡价值的升华与境界的提升，是发现人、培养人与成就人
的人学。在当代视域融合的学术研究大背景下，在坚持马克思主
义哲学指导地位的同时，坚定文化自信，积极吸收中国传统哲学
的精华，实现心性论哲学的创新转化，是马克思主义哲学中国化
理论研究的重要课题。恩格斯在《路德维希·费尔巴哈和德国古
典哲学的终结》一书中将马克思的学说界定为"关于现实的人及
其历史发展的科学"①，对现实的人的关注也是马克思主义哲学
的基本内容与根本出发点。要在现当代实现中国传统哲学的创新
转化，就需要我们从哲学的人学转向及转化路径着手，从多元文
化视域融通与生活还原的角度，在深刻把握中国传统哲学的特质
与精髓的基础上，坚持文化包容的胸襟与魄力，将科技与人文
相结合，为哲学作为人学何以可能的问题寻求理论支撑与出
路，重塑哲学及哲人的使命担当，改变物欲膨胀带来的思想空
场状态。

三、中国传统哲学的特质

任何优秀的哲学都是时代精神的精华，这说明哲学具有时代
性，只有时刻关注现实、与时俱进，哲学才具有生命力与改造现
实社会的力量。与此同时，任何哲学又都是某一民族思想的精
华，是该民族保持独特性的文化根脉所在，具有民族性的特点。
哲学作为文化的核心内容，是民族实现文化认同的关键所在，塑
造了中华民族的精神特质与独特风格，是时代性与民族性的辩证

---

① 《马克思恩格斯文集》第 4 卷，人民出版社，2009，第 295 页。

统一。在文化发展的长河中，时代性与民族性相辅相成、不可偏废：坚持时代性方有出路，脱离时代性空余窠臼；坚持民族性尚知来处，离开民族性则失其来路，无来路则无归途。

中国传统哲学具有自己独特的研究范式、思维理路、价值追寻、关照方式，相比较于西方哲学的科学性、知识论的特点，中国传统哲学更偏向于艺术性与伦理性。要想深入把握中国传统哲学的特质，就需要我们既能入乎其内，又能出乎其外，在全面研究中国传统哲学的基础上，进行比较研究，把东西方不同的哲学进行对比，从中发现中国传统哲学的独特之处。通过对比中、西、印三大文化系统，不难发现三者在哲学视域中具有不同的精神路向。正如梁漱溟先生所说，西方"以意欲向前要求为其根本精神"，印度"以意欲反身向后要求为其根本精神"，而中国则"以意欲自为调和持中为其根本精神"①，而这三大文化系统的特质又通过"罪感"文化、"苦感"文化和"耻感"文化表现出来。儒家文化的精神特质即耻感文化，儒家把"恻隐""羞恶""辞让""是非"称为"四善端"，由此"四善端"分别开显出来"仁""义""礼""智"此"四德"，并将它们作为安身立命的价值来遵循。其中，以"知耻"为核心内容的"耻感"文化是中国传统哲学的关键特质与理论精髓。"无羞恶之心，非人也"（《孟子·公孙丑上》），"人不可以无耻，无耻之耻，无耻矣"（《孟子·尽心上》）。孟子把知耻与否作为判断君子与小人的标准和依据，君子要顺天应命，做到俯仰无愧于天地，行事无违于本心。朱熹认为"人有耻，则能有所不为"，为与不为之间忠恕之道尽显。

---

① 梁漱溟：《东西文化及其哲学》，商务印书馆，2010，第 24 页。

古人云"物耻足以振之，国耻足以兴之"，讲个人的知耻与否与国家的兴衰存亡之间密切相关。清代的龚自珍站在家国同构的立场上，指出"士皆知有耻，则国家永无耻矣；士不知耻，为国之大耻"。凡此种种，表明中国哲学的研究视域始终聚焦于人类社会，探讨安身立命的道德原则与价值遵循，认为"道不远人"，"天人合一"，天道人道乃一个道，天下一理皆从性起，万化一源皆是自生，他认为天道并不是超验的不可把捉的本体，而是就在我们的日用常行之间。从中国传统哲学的理论特质与价值遵循中发掘"以人为本"的时代精神，对于重塑现代人的主人翁精神与以天下为己任的使命担当意识具有十分重要的意义。

现实社会生活中的人及其理想、价值、意义的实现问题是中国传统哲学研究的中心课题，哲学研究的路向为上究天人之际，下通古今之变，但天道不离人道，在社会伦理、人生世事、日用常行之间天道尽显。中国哲人的哲思里随处可见人学思想的光辉，作为中国哲学的精神特质，其人学意义主要表现为：

以人为本的人本精神。正如梁漱溟先生所言，中国人是理性早熟的。子曰"敬鬼神而远之"，"子不语：怪、力、乱、神"（《论语·述而》），"未能事人，焉能事鬼？"（《论语·先进》）。儒家哲学是伦理本位的，早早地就把视线从外在于人类社会的自在自然与缥缈的彼岸世界中抽离了出来，转向对伦理、人事的关注，这其中饱含着人本主义的思想情怀。马克思说，人才是历史的主体，历史自身什么都没做[1]，中国传统哲学对人的具体的现实生活的关注与马克思主义哲学建立在实践基础上的人学思想不

---

[1]　《马克思恩格斯文集》第 1 卷，人民出版社，2009，第 295 页。

谋而合。君子人格是儒家的理想人格，君子修身要仁爱忠恕，君子进德当精进审慎，君子使民须博施济众，"君子务本，本立而道生"（《论语·学而》）。何为"本"？"仁"为本。仁学思想作为儒家思想的精髓，是君子的核心特质与理想目标，仁人施仁政，如此便是修齐治平的内圣外王之道。

自强不息的乾道精神。《周易》有言，"天行健，君子以自强不息"。君子修己进德当锐意进取、生生不息。生生的过程不仅仅是宇宙自然的生成过程，更是人的本质精神的生成过程。子曰："逝者如斯夫，不舍昼夜。"赫拉克利特有言：万物皆流，无物常驻。同为以水作喻，儒家的水之喻不仅具有宇宙发生论的意义，更具有厚重的人学意味。正是这种百折不挠、奋发有为的生命意识，鼓舞着中华民族乘风破浪、砥砺前行，创造了五千年的灿烂文明，并将继续创造新的中国奇迹。

实事求是的践履精神。知行关系问题是中国传统哲学的一个永恒的话题，与西方认识论的认识和实践的关系不同，中国哲人讲的知与行的关系问题在知识论层面虽有涉及，但更多的是伦理层面的道德认知与道德践履的关系问题。在知行的先后问题上，孔子讲学而优则仕，学习的目的在于应用。荀子讲知行一体，认为"不闻不若闻之，闻之不若见之，见之不若知之，知之不若行之，学至于行之而止矣。行之，明也；明之为圣人"，知行二者不可分离。墨子讲知行合一，行重于知，"言必信，行必果，使言行之合，犹合符节也"（《墨子·兼爱下》）。如果"务言而缓行，虽辩必不听"，人人都要"赖其力者生""强力以从事"。后来的颜渊、王充、王阳明、王夫之等哲学家也都知行并重，学以致用，实事求是。知行相互促进，在实践处用功，在做事上磨砺，方能学有所成、事半功倍。

立人达人的利他精神。中国哲人将独善其身与兼济天下相结合，儒家要设身处地地为他人着想，要有仁爱之心，与墨家的兼爱稍有不同。墨子认为"若使天下兼相爱，爱人若爱其身，犹有不孝者乎？视父兄与君若其身，恶施不孝？犹有不慈者乎？视弟子与臣若其身，恶施不慈？故不孝不慈亡有，犹有盗贼乎？故视人之室若其室，谁窃？视人身若其身，谁贼？故盗贼亡有，犹有大夫之相乱家，诸侯之相攻国者乎？视人家若其家，谁乱？视人国若其国，谁攻？故大夫之相乱家，诸侯之相攻国者亡有。若使天下兼相爱，国与国不相攻，家与家不相乱，盗贼无有，君臣父子皆能孝慈，若此则天下治"（《墨子·兼爱》）。投之以桃，报之以李，爱人者人必爱之，利人者人必利之。而儒家讲爱有差等，爱的力量是以自我为中心向外逐渐削弱的，就像石头扔到水中溅起的波纹一样由中心向四周扩散，爱父母兄弟的爱与爱朋友同事的爱是有差别的。其利他精神主要表现为主张"己欲立而立人，己欲达而达人""己所不欲，勿施于人"的忠恕之道，要求人要有移情与共情的能力，能对他人的处境感同身受，胸怀天下，心系苍生，忧国忧民。道家也讲利他，老子认为，天之道损有余而补不足，人之道损不足以奉有余，圣人无利己之心，应当顺应民心，以天下苍生为己任。

作为中国传统哲学的核心特质与精髓，以人为本的人本主义精神体现在方方面面，融汇在中国人的世界观、人生观与价值观中。中国哲人把对世界、对人生、对理想价值的追寻投射在日用常行之间，把宇宙与人生结合起来，在切近的此岸世界探索宇宙人生的终极意义与命题。正如陆九渊所言，"宇宙即是吾心，吾心即是宇宙"，作为关乎道德修养智慧的学说，人生境界的圆满便是终极意义的实现，为天地立心，为生命立命，为往圣继绝学，为万世开太平，价值的实现从来不在神秘的彼岸，意义的获得也从来无关浩渺的苍天，认识宇宙的目的在于指导人生，了解社会的关键在于成全自我，追求在知天、事天、同天、乐天的天人之境中实现修齐治平的人生目标。人生于天地之间，作为创造价值与意义的主体，追寻一种内在超越的路向，在人生世事中磨砺，在社会伦常中成长，在责任担当中升华，在天人合一中超越。中国传统哲学尊重人的价值、彰显人的力量、赞叹人的智慧、抬高人的地位。儒家认为天、地、人三才的核心是人；道家认为天、地、人、道四大的根本是人；佛学讲渐修顿悟，认为最高的智慧直指人心，成就超凡的精神特质与理想人格。

与中国哲学浓厚的主体意识和人学精神不同，西方哲学具有外在超越的精神特质，从古希腊哲学产生之初，西方人的目光就始终在向外探寻，从最初自然哲学家们关于宇宙本原的追问，到柏拉图的理念世界与现实世界的二分，再到中世纪的此岸与彼岸世界的二分，通通具有一种超验的神秘主义的倾向。他们认为现实的此岸世界是虚幻的、不真实的，而真实的世界属于上帝存在的彼岸。基督教更是提出原罪说，认为人类的祖先因偷食禁果获罪，只有忏悔才能洗清罪孽，重回乐园。因而，罪感文化认为人生终极价值的实现不在此岸而在彼岸，在于通过聆听神谕实现人神合一，在于被救赎，救赎的力量不在自身而在上帝。这种路向贬低人的智慧与力量，否定人的现实生活，反对人的自我实现，热衷于彼岸的外在超越，让人们无心关注现实生活的价值实现与理想追求，而寄希望于遥远彼岸的虚幻的满足与快乐。这种错误的倾向直到西方文艺复兴之后才逐渐扭转过来，人的价值与力量才渐渐得到尊重，人本主义的精神才得以彰显。

自我超越作为中国传统哲学的价值实现路径，体现了中国哲人追求内在超越的精神特质，中国古人肯定人在现实生活中的价值追求，鼓励反求诸己的意义达成，反对求助于超验的神祇，认为在人的本质中存在着自我实现的力量与依据，世间万物内在统一，天人一源，"极高明而道中庸"，"即世间而出世间"，自然之天与义理之天不二，价值与本体不二，天道即是人道，天道自在人心，宇宙的法则就是人间的正义。孔子曰"我欲仁，斯仁至矣"（《论语·述而第七》）；"为仁由己，而由人乎哉？"（《论语·颜渊第十二》）。孟子曰"仁义礼智，非由外铄我也，我固有之也"（《孟子·告子上》）。价值的实现、境界的提升关键在内不在外，人的理性自觉与价值自省而非外力才是自我实现与意义达成的力量之源。以道德修养作为核心特质的哲学，推崇为己之学，反对为人之学，认为君子只有善于存蓄养护自己的良知良能，才能成全自我，实现自我的价值，实现生命的意义。在人的价值实现问题上，中国哲人讲究内化的自我超越而非外铄的外在超越，正如孔子所言为仁由己，孟子所讲尽心知性求放心，认为人只有自觉地修身养性才能乐天知命，养成充塞宇宙的浩然之气，备万物于我，同天地于心，实现生命的价值与终极目标。之后的哲学家，无论是朱熹的理一分殊还是陆象山的心即宇宙抑或是王守仁的心外无物，在价值实现与意义达成上都选择了由内而外的内在超越的路径，理或道既是天地宇宙的法则，也是人心秩序的维度与依据。人只有恪守内心的价值标准、伦理原则、反身而诚，才能实现自我超越，与天地并生，与万物齐一，得其天爵，超凡入圣。

随着西方后现代哲学思想的盛行，人们越来越发现西方传统哲学的那种追求外在超越的思维特质已经无法满足人类发展的现实要求，如因果决定性、主客二分、机械累加与简单还原等等，受到了来自方方面面的批评与责难。大家开始重新回到中国传统哲学，希望能够从中找到因片面推崇工具理性所带来的一系列问题的解药。正如普里戈金所言，"中国文明对人类、社会与自然之间的关系有着深刻的理解"，"中国的思想对于那些想扩大西方科学的范围和意义的哲学家和科学家来说，始终是个启迪的源泉"[①]。不同于西方主客对立的研究思路，中国传统哲学追求人与自然社会和谐共生的天人合一的境界，重视对宇宙人生的整体认知与结构性把握，强调对立面的斗争与转化，坚持互补共生的系统思维，这其中渗透的人学思想与整体性思维对于根治现代性问题不无裨益。在当前的文化背景下，这对探索马克思主义哲学与中国传统哲学相结合具有非常重要的理论意义与价值。

第二节　中国传统哲学的当代价值

中国传统哲学在近代西学东渐的影响下，其地位日渐衰微，生存空间不断被挤压，处境一度很尴尬。在现当代，随着世界文化多元化的发展，文化之间的交流与对话变得日益频繁，如何在多元的世界文化格局中坚持自身文化的独立性，这就需要我们重

---

① 普里戈金、斯唐热：《从混沌到有序》，曾庆宏、沈小峰译，上海译文出版社，2005，第 1 页。

新审视传统文化。"我们今天完全可以在一个与世界良性互动的基础上，用今天的眼光来认识和发掘我们源远流长的文化传统资源，这是一个尚未充分开发的巨大智慧宝库，对重塑民族魂，对解决中国和世界面临的许多挑战……都会产生巨大的影响。"①坚定文化自信，在对待中国传统哲学上，就是要求我们用辩证的眼光来看待中国传统哲学思想，在推进马克思主义哲学中国化、时代化、大众化的过程中，从哲学的民族性与时代性相结合的角度，在哲学的传统性与现代性辩证统一的基础上，探索中国传统哲学在现当代创新转化的路径与机制。

一、中国传统哲学的天人之思及其当代价值

天人关系长期以来一直是中国传统哲学的核心课题，无论是儒家的天人合一、参赞化育，抑或是道家的天地不仁、顺天齐物，其人与自然和谐共处的思想主张对于解决现代社会的生态恶化、环境污染问题具有积极的意义。另外，无论是反身而诚、尽心知性，还是静观玄览、归根复命，对于反省工具理性带来的人本质的异化，重塑当代人的价值理性，重建信仰的人性论根基具有十分重要的作用。概言之，中国传统哲学"修其天爵"的修养主张、"任重道远"的价值追寻、"自强不息"的不懈求索、"知行合一"的实践风格、"内圣外王"的终极理想等，处处闪耀着智慧与人性的光辉。在新时代开放与包容的世界多元文化格局中，对其思想精华进行创新转化与实践改造，使之在世界文化长

---

① 张维为：《中国触动：百国视野下的观察与思考》，上海人民出版社，2012，第129页。

河中重新焕发出勃勃生机，是中华民族实现文化自信的必由之路，更是实现中华民族伟大复兴中国梦的必然选择，也是马克思主义哲学中国化、时代化、大众化能够完成的文化基础。

发展的实质是扬弃，就是取其精华、去其糟粕。要实现中国传统哲学在现时代的创新转化，就需要我们具体地、科学地评估其在当代的价值。

首先，当代社会人与自然关系紧张，受西方主客二分倾向的影响，"人类中心论"的主张大行其道，人与自然被绝对地对立了起来，在价值选择上从实用主义的立场出发，无视人与自然是休戚与共的整体，为了人的目的对自然大肆掠夺与破坏，罔顾人与自然的和谐发展，这种错误的思想在当代科技发展的助推下甚嚣尘上，使得环境问题日益凸显。人类中心论的危害开始集中暴发，生态破坏、资源耗竭、环境污染等刺激着人们敏感的神经。当今时代，人类共处于同一个命运共同体中，如何处理好人与自然这一矛盾考验着人类的智慧与能力，而问题的关键在于找到一种新的理论来取代人类中心论，从而缓和人与自然的紧张关系。在这样的时代课题面前，古老的东方哲学开始引起人们的关注，重新发现与发掘其天人合一思想中的现代价值成为理论研究的新的出路，也为中国传统哲学的创新转化提供了契机。中国古代哲人从天人合一的理论基础出发，认为要顺天应命，有所为有所不为，强调不可与天争职，对自然要制化，追求人与自然、人与人以及人与自身的和谐。这对于化解人类中心论所带来的人与自然的尖锐冲突具有积极的理论与实践意义。

其次，中国传统哲学的天人思想重视人的自我修养，是追求内在超越的心性学说。其认为人德是天道的展开，是天道在人间世事中的具体化，天道流行于日用常行之间，就形成了人的道德法则与伦理规范。人性本善，人人都应存养扩充自己的善良本性，知天事天，与天地合德，参赞化育，进入物我两忘的化境。这种直指本心的道德修养哲学对于消除当前科技理性与消费主义的无限扩张所带来的价值错位、意义空场、本质异化、信仰缺失、物欲膨胀、道德沦丧等负面影响，具有积极的作用。科技理性是以近代自然科学主客二分的思想为基础的，西方哲学外在超越的学科特点决定了其缺乏反省与反观的智慧。随着工具理性的盛行，人沦为物的奴隶，在对金钱欲望的疯狂追逐中迷失了本心，扭曲了本性，精神日渐空虚，关系日益淡漠，价值意义被悬置，信仰理想被搁置，宏大叙事被解构，孤独、烦躁、无助、荒诞成为现代人无法逃避的精神困局，文化泛娱乐化的倾向愈演愈烈，人在娱乐至死的集体狂欢中失去了共同的精神家园。现代人如何求其放心，重新找回失落的那片山水桃花源，发现自我救赎的理想支点，复归真善美的心性本根，这就要借助中国传统哲学的智慧。

最后，随着西方所宣扬的新自由主义、人类中心论、本体论哲学、普适价值等日渐衰微，与西方资本主义相伴而生的西方文化中心论在现当代已经走入困境，后现代哲学对现代性的无情批评加速了资本主义文化体系的自我消解，其所宣扬的上帝之死、主体之死、人之死更是从根本上瓦解了西方文化中心论的价值根基，这样就从价值、科学、人文、伦理全方位多角度推动了西方文化中心论的全面崩溃。郭齐勇指出，中国传统哲学特别是儒家哲学中有机、系统、连续的宇宙观，和而不同的文化思想，效法乾坤之道的人生境界与处事法则等，都可以通过创造性的转化成为滋养现代社会人心的不竭甘露。① 随着西学东渐的日渐衰微，来自东方的智慧重新焕发出勃勃生机，中国传统哲学以其直指人心、反身而诚的理智直观，尽心知性、内圣外王的价值追求，自强不息、知行合一的道德践履，继绝开新、兼收并蓄的治学态度等反其道而行，进行辩证的否定。由东学西渐到西学东渐再回到东学西渐，由价值理性到工具理性再回到价值理性，正是人类文化发展由肯定到否定再到否定之否定的过程。西方观察者不应低估这样一种可能性：中国有可能自觉地把西方更灵活也更激烈的活力与自身保守的、稳定的传统文化熔为一炉，假如中国人对于西方文明自由地吸收其优点而扬弃其缺点的话，一定能产生一种糅合中西文明之长的辉煌成就。如今，回到东方哲学并非回到之前那个以农业文明为基础的制度化的理论，而是在现代人类社会实践的基础上重新发掘其在现当代的积极意义，并通过与马克思主义哲学相结合实现创新转化，进而在实现文化自信与中华民族伟大复兴的过程中发挥价值引领作用，为世界文化的发展及现代性问题的疗治贡献中国智慧，创造中国奇迹。

二、中国传统哲学本体论的特点与现代价值

中国传统哲学作为心性修养学说，非常重视德性的涵养，而其涵养功夫主张致虚极、守静笃，尽心知性，知行合一。这一修养功夫自先秦开始，后来经过理、气、心学家的理论增补阐发，多了很多实践性的内容。理学从周濂溪的"主静立极、诚精故

---

① 郭齐勇：《中国儒学之精神》，复旦大学出版社，2009，第 74 页。

明"，到程朱的"居敬存诚、存理灭欲"，到陆象山的"返躬内省、心即是理"，再到心学王阳明的"心外无物、知行合一"；气学从王充的"天下一气"，到张横渠的"变化气质、通蔽开塞"，再到王夫之的"日生日成、自悟自得"。中国传统哲学的理性觉解已经达到了相当高的程度。在古代哲人看来，天人不二，心性一如，只有涵养本心，体悟人德，才能上合天道，把握至理，进而究天人之际，通古今之变。此处的天为义理之天而非自然之天，天作为人类社会的价值依归，是道德修养的终极目标，尽心方能知性，知性方可知天。中国传统哲学作为以道德践履为核心内容的哲学，其本体论思想是围绕知行关系展开的。儒家的本体论以仁为本，由孔子发端，经过《易传》的阐发、后学的发挥，在宋明理学那里达到完善。孔子认为物有本末，仁为本根，君子进德勿舍本逐末，而应该以仁为己任，远天近人，克己复礼，欲仁得仁。仁既是君子立于世的价值本根，又是君子济世之良方，仁的本体生发于义理之天，通过日用常行、洒扫应对、忠恕孝悌开显。孔子的仁并不是抽象的道德原则，它是在君子的生命实践中具体展开的真实的道德实践过程，是一种孜孜不倦的精神。它来自无数生命个体鲜活的生存体验，而要理解它也需要我们真实地进行道德践履。马克思认为，感性活动阐明了人是生成性的存在，实践的对象是属人的存在，不断开展的感性活动与感性创造是人类社会持续存在的基础。仁的开显融汇在了主体的生命实践过程中，正如存在主义所揭示的那样，仁与主体的生命过程一样，处在无限开放的生成中。这就为现代人从生活世界的生命之道把握宇宙法则的宇宙之本开拓了新的理论视野。《易传》中讲道器之说，如果说孔子是从人伦社会投射自然宇宙，从仁道生发出天道，那么《易传》则是从《易经》的阴阳理论出发解释宇宙生成与人类社会发展以及人心秩序的建构过程，其中充满了丰富的辩证法思想，并将其引入本体论的阐发当中，但由于受到中国传统哲学研究视域的影响，其侧重点主要在道德修养上，而忽略了在自然宇宙以及人类社会方面的应用。《易传》认为道器有别，只能从形而下的器出发来把握形而上的道，开启了儒家通过"立象"来开显本体的传统。虽然书不尽言，言不尽意，但可以"立象以尽意，设卦以尽情伪"，即通过象与言相结合的器来通达无极之道体。人通过仰观象于天，俯观法于地，近取诸身，远取诸物，以器示道、明道、弘道，实现天人合一。这种象喻的彰显本体的方式后历经嬗变，到宋明理学时已经日臻成熟。朱熹讲理一分殊、道气一物、理在气中，并通过一系列物象之喻来彰显天理本体，其中重体悟的哲学方法将知识论与主体性原则相结合，达到了内在超越与外在实践的统一。

道家哲学以非常之"道"作为其本体，这一本体由老子最先提出，到魏晋时期发展成熟。老子认为道可道，非常道，作为世界本体的"道"是视之不见、听之不闻、搏之不得的。大音希声，大象无形，道是人的感性知觉所无法把握的无物之象、无状之状，是"无"。但"无"并不代表不存在，老子的以"无"为本质的道就是自然，要把握道的"无"就要抛弃现实的"有"，正所谓：五色令人目盲，五音令人耳聋，五味令人口爽……只有放弃主观意识融入自然当中达到主客合一的境界，方能使道在心中呈现。虽然天下万物生于有，有生于无，但从"有"不能体悟"无"，为学日益，为道日损，只能通过否定的方式，以无证道。大道无为又无不为，主张顺应自然，随天而化，绝圣弃智。庄子继承了老子的思想，并运用了诸多物象之喻来加以论证。庄子从相对主义的立场出发，认为只有达到形如槁木、心如死灰的"吾丧我"的境界，才能够与天地万物、大化流行融为一体，生生不息，才能了悟世间人生之至理，把握恍惚混沌的道体。庄子认为"我"是处于主客二分的对象性关系中的认知主体，被感官迷惑，被物欲牵引，被名利纠缠，被是非羁绊，这样的"我"是远离了逍遥自由的自然状态的我，也是非本真的、异化的存在。要彰显"吾"之本体，只有放弃主观意志，抛弃有对的"我"，顺应自然界的大化流行，才能摆脱物累、了悟道体，生命的自然与本真相结合，获得一种大自在、大解脱。这同样是以否定的方式彰显本体。魏晋玄学更是将这种方式发挥到了极致，王弼讲得意忘言，郭象讲独化于玄冥，在道家哲学这里，均是以否定的方式消解掉了主客对立的社会性对人的本真本性的遮蔽，通过"反"，捐聪弃智返回到自然的生命原初状态，进而通过心斋、坐忘超越个体生命的局限，达到与本真生命合二为一的"游心"的境界。这种崇尚个体精神的独立，追求精神的自由与内在超越，顺应自然回复本真的价值追求，在现时代依然有其价值与意义。

佛学的本体论即体用论，主要体现在其对体用、真俗、理事的探讨上。佛学认为体用一如、真俗不二、理事圆融，其本体论的开显主张以用明体，即体成用。"体"即缘起性空，是宇宙的本体，"用"即世间万物的功用，"体"要通过"用"显现出来。体用正如灯与光，灯是光之体，光是灯之用。理事圆融，借假修真。其认为真谛不离俗谛，理事不二，以心印心，通过渐顿的修行功夫，便可发明本心、证悟本体，得到解脱。佛学认为本体的空不离有，虽然不可言说，但也可用象与言来表征。其世界观同样是与人生观结合在一起的，体用关系落实到人的生命层次就变成心境关系，心随境转，境由心显，只有加强内在的德性修养才能提升生命的境界，实现生命的价值，这与中国儒道思想是异曲同工的。

要探讨中国传统哲学的现代价值不得不提王夫之。王夫之作为中国传统心性论哲学的集大成者，起着承前启后的重要作用。他对之前的宋明理学乃至整个中国传统哲学进行了扬弃，批判地继承了中国传统哲学的朴素唯物主义与辩证法思想，将儒释道三家相统一。儒学通过肯定的、崇有的方式即物以穷理，注重从现实生活的日用常行之中发明本心，从而了悟本体。道家则通过否定的崇无的方式绝圣弃智，在静观、坐忘中实现主客冥然玄同，从而把握世界人生的至理。佛学则通过以心传心的方式，通过转识成智、三谛圆融、理事无碍等，即世间而出世间，实现宇宙与人生的统一。王夫之在总结儒释道思想的基础上，提出"象外无道"，要由用得体、感器通道。他在唯物主义的基础上提出"天下唯器，象外无道"，先有器而后才有道，要把握形而上的道，则需要在现实的器世界中实践。正如马克思所说，"人们的存在就是他们的现实生活过程"①。王夫之的知行合一的实践观以实践为本，认为通过践下方可显上，主张回归现实生活，在现实生活中的实践才是正确认识的基础，从而将生活实践的思想引入了中国传统哲学对本体的把握过程中，这与马克思主义哲学的由感性认识到理性认识的飞跃十分相似，也为中国传统哲学在现时代的创新转化提供了实践论的基础。

---

① 《马克思恩格斯选集》第1卷，人民出版社，2012，第152页。

三、新儒学的思想内涵及其现代意义

新儒学是中国近代新文化运动以来，与自由主义西化派、马克思主义派并存的三大思潮之一，具有鲜明的文化复古主义倾向，自称是接着宋明理学讲的，代表人物有熊十力、冯友兰、梁漱溟、牟宗三、余英时等，认为中国传统文化包括哲学思想在现时代仍然有其存在的必要性和价值，主张在接受和继承宋明理学的心性本体论的基础上，将西方哲学的观念思想与中国传统哲学智慧相结合。新儒学吸收了柏格森生命哲学的思想，将之与中国传统的道、气学说相结合，认为哲学的功用在于用实践理性的直觉来把握真善美的形而上的本体或价值的世界，而科学只是在用知性分析来认识形而下的物理或事实的世界，所以东方的哲学是价值理性的价值哲学与人生哲学，而西方的哲学则是关于知识论工具理性的认知哲学与逻辑哲学。新儒学从传统心性哲学"内圣外王"的终极理想中生发出民主、科学等现代观念，认为所谓的民主、科学不过是"外王"在现时代的具体表现而已，它是在"内圣"的过程中，从内部良知的自我坎陷而外化生成的。新儒学认为从德性主体可以转出作为知性主体的科学与作为政治主体的民主，进而提出从中国传统文化出发进入资本主义社会的"儒家资本主义"的主张，以及通过中国传统哲学现代化与世界化的方式去解决现代化过程中科技发展所带来的价值与意义空场的问题。

作为儒家的自救运动，新儒学对现代性问题与工具理性、唯科学主义进行了深刻反思与批评，发掘儒学的"内圣外王"的内在超越性的时代内涵，认为中国传统文化与现代性存在着可通约性，现代化并不是只有西方化一种表现形式，阐述了中国传统哲学与现代伦理和民主的内在一致性，肯定了人作为道德主体的精神独立性与价值追求，对于疗治西方现代化过程中出现的现代性问题具有十分重要的意义。如冯友兰的新理学，延续了宋明理学"内圣外王"的内在超越的人本主义倾向，通过分析西方文化与东方文化的不同，认为西方哲学的研究视野始终聚焦于外物，主张通过科学与理性向外的探索与征服，因而具有知识论的特点。而东方哲学的视野则聚焦于人心，注重对人心秩序的建构，追求人生境界的提升与价值理想的实现，具有价值论与人学的特点。冯友兰主张新理学的主旨是通过从人下手的真学问，人能够超凡脱俗，成圣成贤，实现人生境界的提升与人格的完善。冯友兰的人学思想注重对人之本根的理性觉解，在继承宋明理学的人学思想的同时，从现实的生活实践出发，将之与马克思主义哲学的实践人本学相融通，并结合西方现代人学思想对西方哲学忽视人的物本倾向进行了批评，认为真学问就应该是以心观真迹，把研究人及人生的大道理作为研究的核心与归宿。作为中西会通的大家，冯友兰认为，中西学问最大的区别就在于一个向内用力，一个向外用力，用他自己的话说，就是西洋的学问是"从物下手"的，而东方的学问是"从心下手"的。① 作为"从物下手"的西方哲学，其用力方向是向外的，追求对外在于人的宇宙自然社会的认知与改造，而要让客观的东西发生合目的的改变，就必须依靠工具，依靠对规律的把握，所以就导致了西方对工具理性的推崇，而忽视了内心秩序的建设；而"从心下手"的中国哲学则恰

---

① 冯友兰：《三松堂学术文集》，北京大学出版社，1984，第21页。

恰相反，其用力方向是向内的，关注自我意识与精神境界，追问人生的价值与意义，这就导致了对知识与科技的忽视。真学问应该从人下手，即从人们的生活实践入手，从个人的"所居之位""日用之常"出发，探索实现人的自由全面的发展的大道理。冯友兰认为世间有损、益、中三道：损道以老庄为代表，认为天地不仁，道法自然，人为只会产生罪恶，只有绝圣弃智、绝巧弃利、见素抱朴、小国寡民才能实现天地人的和谐。益道以西方经验主义哲学为代表，认为应该发挥人的力量去改造世界，使之成为天国乐土。中道以冯友兰为代表，认为天然与人为并不矛盾，可以互促互补，既要尊重自然规律，不强与天争职，也要发挥主观能动性，以人力胜天行。在冯友兰看来，真正的哲学就应该是这样的人学，关注人，关注人的现实生活，"即高明而道中庸"。其不仅能为人的自我境界的提升提供理论支撑，也能化在日用常行之间，为世间的人事往来提供价值依据与道德标准，最终即世间而出世间，人由此获得现世的安乐，实现自由全面的发展。

冯友兰的新理学打破了西方近代哲学的主客二分的传统研究理路，认为西方哲学认识论的思维方式将人与物分离，这种主客二分的求真的传统重视规律，推崇科学。而中国哲学自先秦以来就形成了以生存论为根本，以止于至善为终极追求的学术传统，希望人能正本清源，返璞归真，通过内在的不断超越实现天人合一、内圣外王的目的。冯友兰站在中庸的立场上提出"从人下手"的致思取向，试图融通东西方哲学，在扬弃的基础上把求真与求善相结合，希望通过对人的自由自觉的生存与全面发展的思考实现人与物、人与人、人与自身的和谐。他的致思方式既非执着于中国传统哲学的心性自我修养、道德规范、习俗乃至价值观养成的心之学，也不是固着于事物的结构和规律的物之学，而是取中道的人学，其人学思想与马克思的科学实践观不谋而合。马克思主张人自身的自由自觉地生存发展的过程就是人的实践过程，就是人之本，也只有在人的生活实践中才能发现人及人生的真义。马克思的科学实践观否定了旧唯物主义从物出发的消极机械的反映论，把人从直观的、被动的"见物不见人"的主客关系中解放了出来，肯定了人作为实践主体的能动性，揭示了人的实践本性；与此同时，也否定了唯心主义从心下手，片面夸大人的理性能力，妄图越过现实的感性实践而抽象发挥人的能动性的"见人不见物"的错误认知，提出在实践的基础上把握人与人的生活世界的关系。马克思科学实践观中所理解的人并不是旧唯物主义所讲的简单的生物学意义上的生命存在，而是处在社会实践中的能动的实践的存在，同样，世界也不仅仅是自在的、外在于人的客观世界，而是作为人的实践对象，是人生活在其中并参与到人的生活实践活动中，被人的实践所认知与改造的自为的世界。只有从人的主观的、现实的、感性的生活实践出发，从被人的实践不断改造和发展的生活世界中去观照、理解作为实践主体的在实践中不断更新与发展的人，才能真正把握人的本质。而冯友兰的新理学主张在日用常行的生活实践中把握成圣成贤之道，他的"从人下手"也就是从人的日常生活中把握人之本，这就使得二者在建构当代中国人学体系的过程中互相结合成为可能。二者的结合对于走出"自然中心困境"与"人类中心困境"这两大当代人学理论发展误区具有积极的意义。

冯友兰在批判传统的唯物论与唯心论的基础上，提出了他的真学问的主张，认为真学问应当是"一片空灵"①。它既不是

---

① 冯友兰：《新知言》，北京大学出版社，2014，第15页。

"先科学底"，也不是"后科学底"，更不是"太上科学"，即既不反科学也不以科学作为理论依据与出发点，其价值不随科学结论的变化而变化。真正的学问应当是以人的思辨能力为基础的，具有亘古不变的理论价值与意义。它应当是一片空灵，空为虚，灵为活，与空灵相对应的是实死。冯友兰认为史学是实且死的学问，因为它的理论依据是僵死不变的既成事实；而逻辑学是空而不灵，因为其理论依据是些逻辑公式，是死套子；自然科学则是灵而不空，因为其理论依据是归纳基础上普遍性的经验事实。这三种学问都不能称为真学问。真正的学问应该是人学，继往圣开来者。他反对胡适的"多研究些问题，少谈些'主义'"的实用主义的不了了之的态度，也反对西方现象学的"悬置"的所谓加括号存而不论的方法，认为真正的学问应该是在对旧学问扬弃的基础上开出新路。故而他以真学问的空灵为标准批评了传统的唯物主义与唯心主义，认为它们武断地把世界万物的本根简单地归结为心或物，在禅宗看来都是"作死语底人"，都该打。在《论"唯"》中，冯友兰说："所谓唯心唯物的那个'唯'字是要不得的，一个大哲学家的思想，或一个大底哲学派别，那不是一个'唯'字可以把他唯住的。"① 唯物唯心虽然"唯"不住但可以"惟"住。在古汉语中，"惟"与"唯"意思相通，都是"单单，只"的意思，而在现代，"惟"不仅有"单单，只"的意思，还有"思维，想"的含义在里面。这样看来，冯友兰讲的"惟"，就不是把世间万物仅仅归于心或物的意思，而是见物又见人，主客兼顾，既非从心入手，也非从物入手，而是包含了现实的实践

---

① 冯友兰：《南渡集》，中华书局，2017，第 79 页。

过程中对物与心的思考。所以冯友兰只讲惟心论或惟物论。冯友兰说，他的新理学既不是按照中国古代或西方的东西"照着讲"的，也不是抛开传统另开新路的"自己讲"，而是在对中国传统哲学进行扬弃的基础上，继承了其优秀的精华部分，继往开来的"接着讲"，是在借助现代逻辑学对传统唯心、唯物的批判的基础上产生的形上学。冯友兰把世界分为实际（气）、真际（理）及纯真际（太极）三个世界，其中理世界是天理之所在，是唯一真实的，气在理中，这与他所批判的传统的唯心主义并无不同。但冯友兰的理世界即是人的真实的现实生活，是从生动的生活实践中抽象出来的内圣外王、成圣成贤的学问，关注的是人及人的现实生活本身，是真正的人学。实际上，唯物或唯心只是从本体论的角度回答思维与存在谁具有逻辑在先性，在其他领域并没有任何意义。从人学的角度来看，唯物主义并不是物质中心的物本主义，也不是重物质享受而轻精神追求的物质主义或拜金主义。大多数的唯物主义者并非以物为中心，而是从人及人的现实的生活实践出发，由人观物，是人本主义的，他的见物不见人，并非没有人，只是把人看成处在自然界中受自然规律制约的纯粹生物体，是和动物一样的自然的和规律性的存在，没有看到人作为实践的主体，进行着现实的、感性的、合目的性的实践活动，没能在实践的基础上将人本与物本辩证地统一起来。马克思的唯物主义在一切领域中都是关注现实生活的、实践的唯物主义，在人学领域中亦是如此，它抬高人的价值，发现人的世界，重视人的尊严，开发人的潜能，其实践观贯彻了人学的全部问题域，决定了问题的解决方式、性质规定以及发展路径等。在马克思主义哲学中国化的大背景下，在马克思主义哲学指导下，通过与中国传统哲学相结合所建构的中国当代人学自然也应当是实践的人本学。

为了实现这种融通，冯友兰对中国传统哲学，特别是程朱理学的人性学说进行了一番现代改造。程朱理学认为在天为理，在人为性，天命之性至纯至善，人之性受气禀的不同而各异，禀清气者性善，禀浊气者性恶。冯友兰认为天命之性与人之性无差，都是与生俱来至纯至善的，而气禀是人能习得的人之性的结构与基础，由于气禀的不同不能保证人之性与天命之性完全符合，况且人之性还有作为本质属性的正性、非本质属性的辅性以及偶性的不同，如此才产生出了人性与事物的善恶差别。那么人的本质属性是什么，人与物相区别的根本又是什么呢？冯友兰给出的答案是"觉解"，真学问是"引人入圣"的"一片空灵"，其用处不在于产出物质利益，而在于通过对现实人生的思考获得大智慧。通过这种智慧的觉解，使人了悟真际，超凡入圣。人与人的差别正是在于对现实人生的觉解程度的不同所产生的参差不齐的人生境界。在冯友兰那里，人生的境界有三层，即物之境、人之境与圣之境。物境中人，是因动物性的自发的顺习或顺才而行，行乎其不得不行，止乎其不得不止，对自然社会人生并没有进行自觉的觉解，凿井而饮，耕田而食，日出而作，日入而息，其人生浑浑噩噩、一片混沌；人境中人，对人生开始有了自觉的觉解，有自己的人生目标，或为利或行义，为利之人处功利之境，行义之人处道德之境；圣境中人，自觉地将自己对人生命运的觉解与宇宙大化相融合，追求人与自身、人与人、人与天的和合，通过反身而诚、尽心知性而知天、事天、乐天乃至同天，从而超生死、越贵贱、泯成败、同顺逆，在天人合一中，弃小我而得大我，超凡入圣，使气质之性与天命之性相圆融，独与天地精神相往来。

而人要达到圣境须经历三个阶段：有我有情、有我无情、情我俱无。有我必有私，有我有情是围绕人之私而产生的喜怒哀惧爱恶欲；有我无情是舍利取义，抛开个人私利，站在国家、民族的立场上对正义、人道的义愤之情；情我俱无是舍义利而取天道，在知天、事天、乐天、同天中以天道观人事，超凡入圣，摆脱世俗的一切羁绊，超越生死、荣辱，获得一种大自在、大安宁。但这种安宁并非断尽人欲以存天理，不是超脱于尘世之上，不是在深山苦修做世外高人，而是要在日用常行间不断熏习，在日常生活的尽伦尽职中不断提升精神境界与道德修养，不断升华对自身、对社会、对世间大道的理性觉解，在凡中作圣。这一追求看似切近实则高远，只有进行时没有完成时，是一个"苟日新，日日新，又日新"的永恒课题。

关于人的本质问题，有观点认为，人的本质是有理性的存在，理性越多，动物性就越少。有观点认为，人的本质是非理性的存在，正如西方唯意志主义哲学家所讲的那样，人身上非理性的情感和意志等要多过其理智的因素，理性只能分析显现出外在的行为举止，而人的行为背后的动机和目的则必须要借助非理性的因素才能理解。有观点认为，人的本质是感性的存在，人作为现实的具体的存在，和动物以及自然界中其他生命体一样，是正常进行的新陈代谢，经历生老病死的具体的、有血有肉的感性存在。有观点认为，人的本质即是人本身，是其作为智慧生命优越于其他自然物质的独特的存在。有观点认为，人的本质是其社会性，正如亚里士多德所言，人是天生的政治动物，人生来就处在复杂的社会伦理关系当中，处在治人与治于人的政治活动当中，人的本质是各种社会关系的总和，脱离了现实的社会关系就无法把握人的本质。有观点认为，人的本质是实践的存在物。不仅仅是人本身，甚至人类社会都是实践的产物。人生天地之间，首先要认识和改造自然，使其发生合目的性的变化，满足人的生存需要；其次要认识与改造人类社会，使其满足人的发展需要，不管是改造自然界的生产实践还是改造人类社会的社会实践，都是人的本质力量不断彰显与完善的过程，是人的本质形成与发展的过程。

冯友兰的观点更倾向于最后一种，他认为，人的本质有个人之本、社会之本和人类之本。从个人之本来看，人的本质在于人的理性的觉解，就社会之本来看，人的本质正是人的实践性。这与马克思的科学的实践观又一次不谋而合。在马克思看来，人的本质并不是单个人所固有的抽象物，在其现实性上，它是一切社会关系的总和，他认为，人的本质就是"社会关系的总和"。但关系作为本质的外在表现与存在方式，并不是本质本身，我们不能就此认为社会关系的总和就是人的本质。马克思的本意只是告诉我们，人作为社会性的存在，要把握他的本质应该到社会关系中而不是从单个人出发去抽象地理解。可见，人的类本质是在实践基础上的个人本质与社会本质的结合，需从具体的、现实的、复杂的社会关系与社会生活实践过程中去把握。

冯友兰的新理学不光在理论内容上充满了实践的人学思想，在研究方法上同样是立足于现实的、鲜活的生活实践的。冯友兰在建构其新理学体系时非常重视对方法的探究，认为真学问须是能点铁成金的，结论是金子，而方法是那只金手指。结论只是量的增加，而方法才能优化理论结构，带来质的飞跃。只有方法选对了，才能激发出理论内部的活性因子，释放出创造性的种子，给理论的发展带来新的契机与动力，拓宽理论的发展空间与路径，使理论真正活起来。冯友兰在对旧哲学批判的基础上，提出了形而上学的"正的方法"。他认为旧的形而上学是如烘云托月般画在不画之处的"负的方法"，即通过不说它是什么来说它是什么，通过否定来实现肯定，通过悬置形而上学来达到凸显形而上学的目的。而冯友兰的方法是画在所画之处，如过河拆桥、登楼撤梯，如剥葱般损之又损，从形而上的天理出发，最终落实到现实的日用常行之间，在尽伦尽职中见理体道，从形而上学出发，最终消解了形而上学。此种"正的方法"目的不在求知而在开智，从现实的、经验的生活事实出发，从中抽象出一般的、普遍的理，这便是智慧，智慧不在圣域，而在现实的日用常行之间，是源于知识又高于知识的人生真谛。当从实际过渡到真际之后则登楼撤梯，断绝二者之间的关系，使其成为玄而又玄的天理，进而通过转识成智，把理性认知转化为人生觉悟、行为准则、实践方法。如此便将形而上的理与形而下的现实人生相结合，使天理还原在现实生活中，自在流行于日用常行之间，使真际显像于实际中，让现实生活理性化。如此，天理不离人事，形上不离形下，只有贴近社会现实，紧跟时代发展步伐的学问，才是最现实的智慧。

"三分法"的辩证思想贯穿在冯友兰的哲学思想体系中，冯友兰对三分法的应用体现了他对黑格尔辩证法正反合的否定之否定规律的中国式应用，在应用于中国传统哲学的现代改造的过程中，冯友兰对之进行了中国本土式的新诠释。比如，在文化观上有西化派、保守派、折中派三派；在历史观上有信古、疑古与释古三种不同的治史方式，以对待中国传统文化的中体西用、西体中用、体用合一三种文化派别；而在文化的构成上有器物层、制度层、观念层；等等。这些都是在将两种相反的观点相综合的基础上产生一种折中的观点。在冯友兰的人学思想领域中，这种三分法同样是把握人学本质与精髓的精神钥匙。但冯友兰的综合只是一种机械的综合，将相互矛盾的不同观点折中统一在一个知识体系中，必然不能调和体系内部的各种冲突，这使得他的新理学成为后人口中的"分析的玄学"。在中国现代人学体系的建构中，我们要尽量避免简单机械调和的惰性思维，在综合中西马各方理论精华的同时，反对简单综合的折中主义。同时，也要抛弃所谓应用不是发展的思想，并不是建构具有独创性的、空前绝后的、具有划时代意义的新理论或新体系才是发展。人学思想作为对人本质及人生意义与价值的思考，其中所包含的真理和智慧具有普遍永恒的人类学意义，并不会在某个特定的历史时期就能完全显现出来，而是随着人类实践的发展不断扬弃与彰显其丰富内涵，这就需要我们结合当今时代的实践特点与价值追求，汲取古今中外一切的理论精华，在应用的过程中创新，在照着讲的基础上接着讲下去。

四、中国传统哲学的创新转化的当代价值

当今时代，全球化的发展已经从经济、政治领域发展到了文化价值观的层面，面对世界多元文化的冲击，坚定文化自信，实现中华民族的精神独立与文化自觉，就需要对中国传统文化的核心即中国传统哲学进行扬弃，从而实现创新转化。当务之急是分析中国传统哲学衰落的原因。首先，中国传统哲学产生于中国传

统的农业社会，随着现代化、城市化、工业化、市场化的日益推进，其存在的现实基础正在日渐消亡，特别是改革开放以来，受到汹涌而来的世界多元文化的冲击，在工具理性、实用主义等西方资本主义思想的影响下，中国传统哲学逐渐被排挤、搁置、解构，中国传统哲学的理论体系与宏大叙事逐渐被碎片化的解读取代，断裂为失去了身份标识的碎片残渣，散落在史料中，逐渐丧失了存在的空间与话语权，处于可有可无的边缘化、非主流的位置。其次，马克思主义哲学作为当今时代精神的精华，在我们不断深化与推进其中国化的过程中，在坚持其在中国社会诸方面及意识形态领域的指导地位的同时，注重其与中国革命实际以及中国社会主义建设实际相结合，却相对忽视了其与中国传统文化特别是中国传统哲学的结合，忽视了对中国传统哲学的创新改造，使其失去了发展的内生力量。最后，中国传统哲学在解释世界人生的过程中形成了自己独特的诠释方式与话语系统，传统的以西释中的方式，主张把西方的概念、原则、价值标准、理论体系生搬硬套，来附会中国传统哲学的理论问题，最终破坏了中国传统哲学内部的和谐，导致其人本主义的核心价值与问题论域被置换，其关键概念被拆解得不伦不类，从而丧失了存在感与解释力，变成一盘散沙。"中国学术、思想或哲学的活的生命终结了"，它所叙述出来的"只能是西洋哲学的产儿，而非原本意义上的中国哲学和中国哲学史"①。在多元文化视域融通的背景下，如何实现诠释方式与话语系统的现代转换，也是一个需要深

---

① 张立文：《中国哲学的"自己讲"、"讲自己"——论走出中国哲学的危机和超越合法性问题》，《中国人民大学学报》2003 年第 2 期。

入思考的问题。

如何实现对中国传统哲学的创新转化，使其在现时代重新焕发生命力与创造力？我们要反对全盘西化的虚无主义，中国传统哲学的现代转化不是西方思想的简单拼凑、移植与比附，这样只能事与愿违，不仅无法将中国传统哲学中的精华有效地继承与发挥，反而只会弄出一些不伦不类的概念，破坏哲学体系内在的一致性，更无益于中华民族精神的重塑与精神家园的重建；也要反对故步自封的复古主义，这样不分好坏的全盘肯定，结果只能是泥沙俱下、良莠不齐，无法实现真正的发展；更不赞成用西方哲学理论对中国传统哲学进行改铸的所谓中国传统文化的后现代转向、生活世界的现象学还原等伪创新的途径；而应该走视域融合的综合创新的道路，将民族性与世界性结合起来，在马克思主义哲学中国化、时代化、大众化的过程中，在共同理解与对话的基础上实现内在的互惠通约，实现中国传统哲学的实践整合与创新改造。

传统儒学是以心性修养为核心的，它孕育了中华民族的民族精神与性格，是民族团结的纽带，它融入中国人的伦理、审美、语言、思维等方方面面，成为中国人独特的精神标识。它注重对人的价值、意义的思辨的探索，追求精神境界的提升和心灵世界的和谐，通过内在的超越进而扩充到外在，实现"内圣外王"的终极理想，其中闪耀的人性的光辉，符合现代社会人性化的发展方向。但由于其以心性为本，在重视人的心灵自觉与价值体认的同时，忽视了对现实世界的关注，离开了对人的社会历史性和当下的客观实际的考量，难免会在充满了抽象的价值与意义的观念世界里兜圈子，在探讨人性时总是从抽象的、普遍的共性原则出发，忽视了对其特殊性与多样性的理解。这种离开具体的语言环境与社会历史实践，通过反身而诚追求所谓永恒的人性本体，是无对象的自语、无实物的表演，只能在消解对象世界的过程中使主体世界悬空，变成虚幻的海市蜃楼、空中楼阁。

李维武从儒学的生存形态出发，把儒学分为人生儒学、政治儒学、考据儒学、社会儒学以及形上儒学等①，而李承贵则是进行了宗教儒学、哲学儒学、伦理儒学、政治儒学以及生活儒学的划分②。此处，我们可将儒学按照其起作用的范围，分为论证与维系政权合法性的政治儒学、体现于日用常行之间作为道德规范的公民儒学，以及"内圣外王"作为人生终极理想的信仰儒学。其中，作为主流意识形态的政治儒学，其存在的社会基础已经消失，作为旧时代的沉渣早已湮灭在历史尘埃里。信仰儒学与公民儒学关于人的存在、人生的价值意义、伦理教化的积极探讨则可成为精神变量，在经过自我扬弃之后，作为马克思主义哲学中国化的内源因子，在相互融通中实现实践整合与跨越式发展。儒学的核心价值体现着中国人对家、国、天下的使命担当的特殊觉解，是中国人共同的文化根脉与精神纽带，具有穿透历史的强大力量。随着时代的发展，儒学的核心价值经受了多元价值的冲击、异质文化的激荡，在马克思主义三化合一的时代背景下，抛弃了其自绝于世俗世界的精英化、贵族化的倾向与因循守旧、存理灭欲等思想糟粕，重启了其范导人生、规范社会的价值功能。在生活世界，儒学核心价值与人民群众的生活体验与生产实践相

---

① 李维武：《儒学生存形态的历史形成与未来转化》，《中国哲学史》2000 年第4 期。

② 李承贵：《当代儒学的五种形态》，《天津社会科学》2008 年第 6 期。

结合，通过大众化、生活化、时代化的发展，熔铸于社会主义核心价值观中，成为人们自觉的价值遵循和自然而然的行为选择，重新焕发出勃勃生机。

随着世界多极化和文化多元化的发展，当前人类社会正经历着政治、经济、文化等全方位的大变革。与此同时，中国实行的改革开放政策，提出的"一带一路"倡议等表明中国正在以更加开放的视野和更加广阔的胸襟兼收并蓄、博采众长，走在实现中华民族伟大复兴的道路上。文化是国家与民族的精神之根，哲学则是文化之魂，中国传统哲学的人性论、价值观以及与人性论相结合的宇宙生成论在五千年历史的洪流中几经荡涤，已经积淀为中华民族的精神底色，凝聚为中华民族的智慧结晶，成为不朽的价值丰碑。要实现中华民族复兴首先就要坚定文化自信，在坚持马克思主义在社会诸方面以及意识形态领域的指导地位的同时，与时俱进、返本开新，对中国传统哲学进行创新改造，回溯中国传统哲学的价值之源，弘扬中华优秀传统，重建中华民族的精神家园。

现当代科技理性带来的环境污染、资源枯竭、生态破坏、大国冲突、局部战争、心理失衡等问题已成为困扰社会健康发展的痼疾，现代人在追求物质享受和感官刺激的同时沦为物欲的奴隶，精神家园失守，处于无根的异化飘忽状态。面对现代性的生存悖论和"人学空场"①，有必要回归中国传统哲学，在古今的时空对话中，反省问题产生的社会与人文根源，在新的时代需求和历史背景下创新改造中国传统哲学的和谐、中庸、仁义、天人的思想体系，在传统的宇宙生成论与心性发明论相结合的基础

---

① 萨特：《辩证理性批判》上卷，林骧华、徐和瑾、陈伟丰译，安徽文艺出版社，1998，第 139 - 143 页。

上，形成人与人、人与社会、人与自然、人与自身相和谐的新的天人合一思想，为自然、社会与人的健康发展开显出新的意义本源与价值旨归。当然，要解决中国改革发展中遇到的一系列问题，还需要我们站在全球化的角度，从人类命运共同体的价值与利益出发，将民族精神与时代精神相结合，在马克思主义哲学中国化、时代化、大众化的理论发展背景下，探索中国传统哲学创新转化的机制与路径，深入发掘中国传统哲学在新时代对发展社会主义先进文化、建设和谐世界与和谐社会、疗治现代性痼疾、重塑价值自我的积极作用，为自然、社会、人心秩序的重建以及马克思主义哲学的中国化、时代化、大众化提供持续充足的思想文化资源以及坚实的文化基础。

第三节　中国传统哲学创新转化的必要性及现实路径

中国传统哲学是以心性修养为中心，阐发人的生存之理的人性论，其从人学的角度彰显了人通过反身而诚、日新其德的生活实践最终证得道体的自我及世界的生成过程，在中国传统哲学的天道思想与人性论中蕴含着丰富的人学因子，具有积极的现代价值。当前我们要建构以马克思主义哲学科学的实践观为基础的中国现代人学体系，需要从中国传统哲学中发掘其具有当代价值的人学思想与现代性理念，在辩证的扬弃的过程中加以整合，使其抽象的价值意蕴得以重新开显，其多彩的生存场域得以重新敞开，其活性因子得以重获生机。

一、中国传统哲学创新转化的必要性

中国传统哲学特别是儒家哲学作为根植于中国传统农业社会的思想智慧，是中国哲人在鲜活的生活实践中，用自己特有的语言符号系统建构的以心性修养为核心的理论系统。中国传统哲学是中华民族智慧的结晶，蕴含着中国士人阶层对宇宙人生、境界意义的理性思考，其独特的致思取向与价值诉求构成了中国文化的精髓与活的灵魂。在文化发展的历史长河中，中国传统哲学融汇了儒释道思想的精华，以形而上的本体为出发点与价值依归，通过反身而诚的自省、自觉，为人们的安身立命提供理论依据与终极关怀，探求人的自由全面的发展与自我价值的实现，其中开显出的社会伦常、价值追求、顿悟直观、美学境界、智慧觉照、意义超越等无不体现着中国哲人对真善美的追求，这些成为社会文明发展的源头活水，具有持久的理论魅力与生命力。

首先，实现中国传统哲学的创新转化，对于重建人心秩序，提高生命质量与人生境界，加强民族凝聚力，助推马克思主义哲学中国化的进程具有积极的现实意义。中国传统哲学虽然根植于传统农业社会，但正如其他哲学传统一样，是不可离性与可离性的统一。其不可离性表现为，其中有些哲学概念或文化元素是依附于其产生的特殊的社会历史背景的，是在具体的历史语境中产生的，只有将之置于具体的历史场景中，作为具体时代独特的文化标识去理解才有意义，而离开了历史性的视域，便成了空洞的概念、抽象的无实物的妄语。而其可离性表现为，其中某些哲学观念可以离开具体的时代背景，通过与异质文化因子结合、整合，在不断的解构与重构、互动与升华中，实现视域融合，达成重叠共识，实现交往互惠，从而实现理论的创新转化。中国传统哲学中的发展的思想、唯物的思想、辩证的观点就是这样，这就为其与马克思主义哲学的融合奠定了必要的理论基础。但是，马克思主义哲学作为异质文化，其与中国传统哲学在产生的历史背景、文化传统、精神特质、政治经济文化发展水平上都是很不同的，其理论的出发点与时代课题也有很大差异，在文化应用的功能选择机制的影响下，二者的相互融通会出现部分接纳或滞后接纳的情况。在马克思主义哲学传入初期，其中与中国传统哲学具有契合性的唯物论、辩证法以及部分历史观的内容被很容易地接纳，而那些超出中国传统哲学的研究视域，或者与之交集较少的理论观念则要经历较长的接受过程。但异质文化之间是可以融通的，马克思主义哲学与中国传统哲学存在可通约性。通过对深层无公度理论的批判，我们认识到两种哲学之间的结合是在浅层与深层同时进行的，并且越是其理论的核心，其内在的契合性越高，公度性就越大。中国传统哲学是包容度很高的哲学体系，从历史上儒释道三家合流的过程就可见一斑。也正因如此，这决定了其与马克思主义不仅能在浅表层次相互接纳，而且在其核心层次的世界观、价值观领域同样也能找到更多的理论契合点而实现共同发展。

其次，实现中国传统哲学的创新转化，是对"中国无哲学论"的有力驳斥。"中国无哲学论"的说法出自黑格尔，他从西方中心主义出发，认为封建专制统治下的中国社会缺乏自由精神，而哲学是建立在自由意志基础上的独立思考。主体性的沦陷，使得中国哲人只能提出像天人合一这样让主体泯然于客体的哲学主张，营造出一个毫无精神意味的境界，中国人有的只是意见或思想的些许迹象，根本毫无哲学可言，应该将其排除在哲学史之外。黑格尔这种建立在西方中心主义基础上的偏见只能暴露其对中国智慧的无知，这种高高在上的傲慢态度与毫无根据的优越感令人生厌。他的这一观点也遭到了许多中国哲学大家的口诛笔伐。在当代中国哲学界，这种错误论断大有抬头之势，有人援引西方后现代哲学家德里达等人所宣扬的"哲学终结论"，认为中国传统哲学产生于传统的农业社会，其中多数观念由于脱离了它所产生的特定的历史情境与具体的社会实践，早已名存实亡。关于目前在学界存在的对"中国哲学合法性"的质疑，我们需要厘清一点，那就是在全球化时代的文明对话和科际融合的过程中，哲学已成为世界的哲学，而世界也成为哲学的世界①，我们能否用西方哲学的标准、框架、方法来衡量和解读中国哲学？第一，中国哲学要走向世界，融入全球哲学思想的百花园中，需要找到与西方哲学实现对话与交流的共同概念、范畴，但"中国的哲学的普遍性不在于它是否提出了某种或某些与西方哲学相应的概念，而在于它承载了一种古老文明的核心价值，这些价值对于回答困扰人类的一些永恒的问题和理解人类的当代困境，都将做出自己的独特贡献"②。第二，中国传统哲学是稳定性与灵活性的统一，中华文明是世界历史上唯一没有中断的文明，中国传统哲学作为经历了几千年文化积淀产生的理论体系，作为中华民族的精神标识与性格特质，早已遍布于中国社会的方方面面，渗透于中国人的日用常行之间，影响着一代又一代中华儿女的思维方

---

① 《马克思恩格斯全集》第 1 卷，人民出版社，1995，第 220 页。
② 邓兆明：《关于中国哲学的几个问题》，《南京社会科学》2004 年第 4 期。

式、生活方式、生命态度与价值诉求。作为超稳定的理论结构，其发展的持续性是很难被一个或几个历史事件打断的。中国传统哲学作为中华文明活的灵魂，其理论本身具有很强的灵活性与延展性，作为历史与文化演变过程中的精神性活体，其具有与时俱进、继往开来的开放性与超越性。由此可见，中国传统哲学以其固有的文化张力、异常坚固的理论内核、超稳定的文化基础以及与生俱来的超越指向，在历史与文化的漫长发展过程中，屹立不倒，历久弥新。当务之急，我们不应该再把焦点放在中国哲学之有无的问题上，而应该把更多的注意力放在探讨中国哲学的现代形态上，探讨中国哲学是否真正具有了中国的魂魄，从而能够对于人类的当代境遇及其问题做出某种原创性的回应，而不只是成为西方哲学的赝品与应声虫。①

再次，实现中国传统哲学的创新转化，是文化自身民族性与世界性相结合的发展需要。文化是民族性与世界性的统一。一方面，文化是在特定的自然、社会、历史环境中，不同民族的人们从各自特殊的需要出发，用独特的语言文字阐述出来的体现本民族精神特质、理想追求、价值选择的思想体系。所以，文化首先是民族的文化。文化的民族性是民族团结奋进的精神动力。文化对社会发展的作用更多地体现在其对民族精神的培育与发展上。另一方面，在文化的深层核心领域，有许多关于宇宙人生、价值意义、规律法则等的思考，这些理解与认知在不同民族的文化中总能找到共通之处，而这种共同性正是文化世界性的体现。文化的民族性与世界性是一体两面、内在统一的。世界性是共性，而

---

① 张立文：《中国哲学的"自己讲"、"讲自己"——论走出中国哲学的危机和超越合法性问题》，《中国人民大学学报》2003 年第 2 期。

民族性是个性。世界性蕴含于民族性之中，通过民族性体现出来，换句话说，越是民族的就越是世界的。而民族性只有体现世界性才能永葆生机与活力，获得持续发展的不竭力量。多元文化的互动交流中，要反对只强调民族性的文化保守主义与狭隘的民族主义，也要反对只重视世界性的全盘西化的文化虚无主义。中国传统哲学是民族性和世界性的统一，其民族性表现为作为中华民族几千年文化的结晶，它是以汉族文化为核心，在与各民族多元文化的交融下，形成的集儒释道三家于一体，融聚世界文明发展历程中的先进思想与哲学理念，具有中华民族特色的世界观、人生观和价值观相统一的理论体系。其重义轻利、成己成人的价值追求，内圣外王、安贫乐道的人生境界，日新其德、自强不息的实践品格，无不体现着其独特的民族风格。其世界性表现为中国传统哲学虽然根植于古老的农业文明，是封建社会的文化产物，与作为世界性哲学的马克思主义哲学与生俱来的现代性有异，但是其理论体系中实则蕴藏着丰富的现代性因子，这些文化因子在本质上是与马克思主义哲学的现代性特质相契合的：中国传统哲学重整体、重关系的思维特质，与现代科学的思维方式不谋而合；中国传统哲学的天人合一思想、天下大同思想、和合圆融思想，对于扭转西方价值理性缺失、物欲膨胀、生态危机、人心秩序失守、人与自然关系紧张等文化发展颓势，疗治现代性痼疾，具有积极的作用。另外，马克思主义哲学作为科学的辩证法与唯物论，与中国传统哲学中的朴素辩证法与唯物论的思想极易达成内在的认同。所有这些都说明中国传统哲学能够在深层的共识的基础上，通过这种内在的一致性，认同并接纳马克思主义哲学。要在马克思主义哲学的指导下，将弘扬民族精神与发展社会主义先进文化，培育与践行社会主义核心价值观有机结合起来，通过创造性转化和创新性发展，激活蕴藏在其中的现代性文化因子，建起二者相沟通的逻辑之桥，找到视域融合的逻辑对接点，从而跳出民族性的狭隘视域，走向世界，走向新时代。

最后，对中国传统哲学的创新转化，是马克思主义哲学理论自身发展的内在要求。马克思主义哲学产生于人类历史由民族历史向世界历史转变的时代背景下，作为解释自然社会思维发展最深刻的本质与规律、面向世界与时代的科学的理论体系，是时代性、世界性与民族性的统一。马克思主义哲学的世界性与民族性是普遍与特殊、一般与个别的关系：其一，作为在人类社会历史发展的基础上，对其发展的最一般规律的深刻把握，马克思主义哲学对世界历史的发展具有积极的作用；但作为一种总体的、普遍适用的精神指向，只有放到民族的、具体的社会实践中，作为民族文化的精神内核，才能将其范导作用发挥出来。其二，具体到马克思主义哲学中国化，马克思主义哲学与中国传统哲学具有许多共同的思想，这些思想成为马克思主义哲学中国化能够实现的传统文化底蕴，使得其在中国能够很快地被民众接受，并迅速地传播发展开来。这种建立在民族性基础上的文化认同、哲学认同和实践认同同样表明，马克思主义哲学作为具有永恒历史价值、表征人类理性发展方向的世界性学说，其世界性必须经由民族性才能表现出来，这也是马克思主义哲学"中源说"的理论依据。马克思主义哲学中国化的过程正是不断将世界性与民族性相统一的过程，随着马克思主义哲学中国化不断向纵深推进，在中国社会革命与建设实践的基础上，马克思主义哲学逐渐找到了与中国传统哲学的逻辑契合点，通过采取中国民众所喜闻乐见的民族化的表现形式，不断打通世界性与民族性，产生出毛泽东思想、邓小平理论、"三个代表"重要思想、科学发展观、习近平新时代中国特色社会主义思想等一系列中国化的理论成果，体现出中国作风与中国气派。其三，从马克思主义哲学体系自身来看，其高度的抽象性与概括性，决定其无法以原本的、纯粹的、抽象的理论形式直接产生影响，唯有与民族哲学的理论内核与具体实践相结合，才能具有现实的、具体的民族化的表现形式，化抽象的理论理性为具体的实践理性，才能得到长足发展的不竭动力与实践材料。

综上所述，马克思主义哲学中国化是马克思主义哲学未来发展与中国传统哲学创新转化的理论对接点，作为建构现代视域下中国马克思主义哲学新形态的关键环节，马克思主义哲学中国化能否实现及在什么程度上实现，关系到马克思主义哲学理论本身的未来走向与前途命运，关系到中国特色社会主义现代化建设及中华民族伟大复兴历史任务的成败。当今时代，中国化是马克思主义哲学实现理论创新与发展的现实路径，而马克思主义哲学则是中国传统哲学在现当代实现创新转化、重获生机的理论依归。马克思主义哲学与中国传统哲学相结合的过程是中国传统哲学在马克思主义的指导与改造下实现创新转化的过程，也是马克思主义哲学在与中国实际深度融合中进一步中国化、时代化、大众化的过程，对巩固其在意识形态领域的指导地位，筑牢其中国文化的现实根基，建构马克思主义哲学中国化的新形态具有十分重要的作用。

随着全球化与信息时代的到来，马克思主义哲学要坚持问题导向，关注时代、科技与社会发展提出的新课题，通过现代性转向，完善马克思主义哲学传统的解释方式、研究视域、思维逻辑等，在与中国实践相结合的过程中，与时俱进、开拓创新，实现理论自身的创新发展。与此同时，也要看到西方现代与后现代哲学并不完全是腐朽的、没落的资本主义流毒余祸，它们对主客二分的思维方式、人类中心论、工具理性等的反思与超越，与马克思主义哲学对现代性的批判不谋而合。因此，在马克思主义哲学中国化的过程中，既要警惕西方资本主义文化的侵蚀与颠覆，对于同时代的西方现代哲学与后现代哲学中积极、先进、合理的因素，也要及时了解和吸收，将其纳入马克思主义哲学对现代性的批判框架中，在现代性的共同视域下实现多元哲学的实时对话，增加互惠知识，使马克思主义哲学在中国化的同时走向时代、走向世界，形成具有人类精神导向与世界历史意义的普遍问答逻辑。马克思主义哲学中国化的理论旨趣在于：以马克思主义哲学为指导，在与中国传统哲学的互动交融中，在实践的基础上把马克思主义哲学的核心概念与关键理论融贯于中国传统哲学的理论体系，使中国传统哲学成为马克思主义哲学的重要组成部分，在重塑中华民族的精神信仰与文化灵魂的过程中，实现中国传统哲学的创新转化，推动马克思主义哲学的中国化、时代化、大众化，使中国化的马克思主义哲学成为中国人的人生指南和生活智慧，成为中国普通大众的思维方式和行为方式，建设马克思主义哲学与中国传统哲学一体两面的具有中国特色的哲学体系。马克思主义哲学是建立在科学实践观基础上的发展中的哲学，马克思主义哲学中国化不仅仅是理论自身发展的需要，更是其固有的实践性特征的体现。只有将马克思主义哲学的理论发展诉求与中国具体的、历史的实践相结合，在解决中国现实问题的过程中探索社会发展、文化发展、理论发展的规律，不断推陈出新，创生出具有中国特色、中国作风与中国气派的理论发展形态，才能实现理论的丰富与发展。

总之，当前中国的哲学研究，应致力于推动马克思主义哲学与中国传统哲学在中国社会主义改革与建设的实践基础上的深度交流与融合，立足于研究和解决具有时代性、战略性和全局性的理论难题与实践难题，不断夯实马克思主义哲学中国化的理论根基，为建设中国特色社会主义，实现中华民族伟大复兴提供理论依据与智力支撑。

二、中国传统哲学创新转化的现实路径

中国传统哲学作为以人性论为核心的心性修养学说，作为在人的感性的、具体的、现实的生活世界中调和理想与现实的矛盾的智慧①，以人的自我完善与自我实现为核心展开了一系列理性的探讨与思考。中国传统哲学这种内向超越意义上的自我涵养理论，有其不断生成、完善的发展历程，并经历了两次重大的理论转向。

这两次理论转向以人性论为主线，以主客关系为轴心，以天人关系为论域，分别是由张载与二程开启的从"天人混同"到"性气二分"的转向和由王夫之开启的从"性气二分"到"主客二分"的转向。中国哲人在对人生意义、对生存之理的思考中，将人间世事与"天命""天道""天理"相贯通，主张通过内在的

---

① 王南湜：《追寻哲学的精神：走向实践哲学之路》，北京师范大学出版社，2006，第35页。

顿悟体证与道德践履实现天人合一，成就一种内在超越的理想人格。内圣外王的理想诉求将成人成己、修己安民有机地结合了起来，开启了对人生意义与终极目的的不懈追求与思考，成为中国人安身立命之本、成人成己之道。天人关系是中国传统哲学的核心论域，从它出发所开显出的存生之理，是中国传统哲学的基本内涵。与西方将理性求索的视线聚焦于人之外的自然宇宙、彼岸上帝不同，中国古代哲人则始终聚焦于人，将对人的现实关照与终极关怀相结合，言不离天人，行亦不离天人，认为"学不际天人，不足以谓之学"，主张做学问应当"究天人之际，通古今之变，成一家之言"。西方将思维与存在的关系问题作为基本问题，而天人关系问题可以称为中国传统哲学的基本问题。由此可见，中国传统哲学是关于人性的本质、人道的本源、人格的自我完善、人生价值的实现及人生境界的提升的学问。

中国古代的人性论，是一个包含本体论、认识论、人生观的完整的理论体系。在本体论上，将宇宙生生不息的创生、演化与人日新其德的自我完善和实现相联系，把人性与天理、人德与天道、人为与天然相贯通，认为天道创生人德，人性体现天理，人为本自天成。在认识论上，主张把人对自身的认知与对世界的认知结合起来。在中国传统哲学的知识体系中，认识世界就是把握天、道及理，认识自身就是认识气、性及命。关于认识有两条完全不同的认识路线。朱熹认为，格物方能致知，通过不断熏习与研究物之理，今日格一物，明日格一物，量的积累最终实现质的飞跃，达到"众物之表里精粗无不到，而吾心之全体大用无不明"的豁然贯通的境界，是一种由内而外的认识路线。王阳明认为，心外无物，通过致良知、发明本心，便可了悟宇宙人生之至理，这种由内而外、反求诸己的认识路线与朱熹不同。理学与心学一个是渐修，一个为顿悟，殊途同归。在人生观上，主张"君子务本，本立而道生"，而人之本便是仁，表现为三纲八目、四维八德，是落实于日用常行之间的伦理法则，是自我完善与超越的内圣外王之道。中国传统哲学作为启迪人生、探求意义的生活的智慧，其中蕴藏着丰富的人本精神，虽然其将抽象的封建道德原则看作人之本，存在阶级性与局限性，但这些并不能掩盖其人学的光辉。中国传统哲学主张将人生道路的探索与人生理想的实现、人格的完善、境界的提升结合起来，既有形而下的经世致用、通理明哲的现实关怀，也有形而上的超凡入圣、内圣外王的终极关怀，具有即世间而出世间的双重价值。不同于西方宗教神学末日审判、重回乐园，也不同于印度佛学的灰身灭智、重生涅槃，中国传统哲学主张凡中作圣，强调"不离日用常行内，直造先天未画前"，在日常的洒扫应对中达成人的自省、自觉、自我实现。其心性修养的方式，不论是主静还是主敬，修行抑或修心，都不离尽心知性知天、内圣外王的逻辑主线。

中国古代人性论认为人都有不虑而知、不学而能的良知良能，圣人与常人的区别在于气禀，圣人能够禀得从"天地之性"中产生的"太虚之气"，故其性至纯至善，率性而为，所行皆善，圣人所到之处天理流行。而常人禀得的是"阴阳之气"，有善有恶，通过后天为善去恶的道德践履，同样也能实现内圣外王、修齐治平。最早的人性论思想开始于孔子，孔子讲"性相近，习相远"，又讲"唯上智与下愚不移"，这两个相互矛盾的命题开启了后来生成论和天成论两种逻辑理路，也导致了性善性恶以及性不善不恶的不同界说。孟子是性善论的代表，其论证逻辑是天成论的，他认为人性本善，人有良知良能，但由于气禀不同，君子天生为善，而小人天生为恶，以此来解释上智与下愚不移。荀子主张性恶论，其论证理路是生成论的，认为人性本恶，其善者伪也，主张通过外在礼教的约束、环境的熏陶以及自身的不断努力"化性起伪"，改变先天的恶，成就人性的善。此后，董仲舒认为人性善恶与智愚相关，王充主张用元气之禀赋做补充，韩愈强调性有三品、"性情两离"，李翱提出"性善情恶"，王安石讲"性本情用"，张载、二程主张"变化气质""存理去欲"等。这些人性论思想大同小异，都认为常人之性本具先天之善质，所以通过后天的心性修养、变化气质就能教而从善。这无非是天成与生成两种逻辑理路的杂糅。这种天成与生成交织的局面直到王夫之主客两离的哲学提出之后才有了新的发展与突破。

中国古代人性论的两次转向分别是以张载、二程和王夫之哲学作为分界的。第一次转向以张载、二程为分水岭，之前的人性论主张天人合一，主天成；之后的人性论讲"性气二分"，强调后天熏习与践行，主生成。在张载、二程之前的哲学，天人混同，主张将天道贯注于人道，人的生成不过是向天道的回归，人道本于天道、泯于天道，人性本天成，是抽象的以人的生成方向与目的为主旨的生成界域。其之后的哲学主张性气二分，将气化论贯注于人生价值自我生成的界域，关注人如何生成及何以生成的具体的路径与依据。虽然都讲天人关系，但张载、二程重天道，王夫之重人道。古代人性论"天人合一"的人学考察维度最早开始于孔子，孔子认为天道远，人道迩，二者统一于"仁"，主张把人道从天道中析取出来，以仁道释人道；孟子把人格神意义上的神秘之"天"重塑为"义理之天"，并赋予其善的道德属性，认为人之善端本于天，从而为其性善论找到形而上的哲学依据。孟子认为"善"是天与人的契合点，尽心知性便可知天，从而达到养浩然之气、与天地同流的目的。这便是《易经》所言"与天地合其德，与日月合其明"的天地境界。

中国古代人性论的第二次重大转向开始于王夫之。首先，他实现了从传统的"性气二分""天人合一"向现代的"主客二分"的转变，将人的主体性从"天人合一"的主体性塌陷中解救了出来，与西方近代"主客二分"的认知方式不谋而合。中国传统哲学的"性气二分"认为人性有天命之性与气质之性两种。天命之性是纯善的，不可移异的，而气质之性可善可不善，可通过后天的变化气质日生日成，最终回到至纯的天命之性。可见，性气二分的理论基础还是天人合一的思想。人的自我实现与生成仍然是向天道或天理的实现与生成。此处的人并非现实的人，而是抽象的天理与天道的承担者和实现者，是理的影子。王夫之反对这种以天道代替人道、以天理取代人欲、以天人合一消解人的主体性的做法，主张主客两离，把人的现实的生活从抽象的天理流行中抽离出来，关注人的存在、人的需求、人的生活。

其次，王夫之实现了从程朱理学以理灭欲的封建人道主义向现代人本主义的转换，反对以理杀人，提倡民主，崇尚科学，主张在实践的基础上得到人的自由自觉的发展与自我实现。王夫之认为，天理与人欲并不是绝对对立的两面，天理本就存在于人欲中，并通过人欲表现出来。他反对存理灭欲，认为人欲是根植于人性的，而人性源自天理，灭人欲即在否定人的生命存在。要将人欲与天理统一起来，欲的存在并不会遮蔽人性，干扰理想人格的生成，相反，欲即是理，只有关注人的现实的生存需要与发展需求，才能够真正提高人的生活质量，提高人的精神境界，实现人的自由全面的发展。这一点从马斯洛的需求层次理论中也能得到证实，需求即是人欲，人的自我实现属于最高层次的欲，而较高层次需要的满足要以较低的生存需要的满足为前提。理不离欲，欲即是理。

此后，不论是戴震的"存理于欲"还是民国初年的"西学""新学"，抑或是新文化运动中的民主与科学，甚至是孙中山的"三民主义"等等，都是站在理欲统一的立场上，主张关注合理的、健康的人欲的实现与满足，关注人的自由自觉全面的发展与自我价值和意义的实现，这才可称为现实的人道主义。

再次，王夫之实现了从自我证成的实现理路向实践生成的实现理路的转换。在人的自我实现上，他反对传统以天为源、反身而诚、归根复命的精神生成方向，主张学以致用，重视以人为本，面向人的现实生活的物质性的实践生成方向。王夫之之前的哲学主张"天人合一""性气二分"，认为通过人的反身而诚的自我体证、精神实践便可了悟天理。人的自我生成与实现不过是向其天道本源的回归，归根复命便是自我价值的最终实现与人生理想的最终达成。这种精神生成理论偏向于内在精神体验的德性修养，是思想内部的革命，缺乏改造现实的力量。王夫之主张"学以思诚""知行相资以为用""并进而有功"，鼓励人们从精神的自我体悟中走出来，投身到具体的现实的实践中去，去改造世界，寻求自我价值真正的实现。

最后，王夫之实现了从天道观向生理论的转变。王夫之之前的哲学以天道统人道，孔子讲仁道即天道，主张杀身成仁、舍生取义；老子认为人法地，地法天，天法道，道法自然；程朱理学亦一以贯之。王夫之主张人道即是天道，"立人道，曰仁与义"，"立人极，生生之理"，"人道率天道"（《问思录·内篇》）。他主张天下唯气，气外无理亦无道，"合天德者，健以存生之理；尽人道者，动以顺生之几"（《周易外传·卷二》），尽人道便能合天德，存生之理便是存人之道。此后，其所首倡的"存生之理"的现实主义人道观，一直是中国人学的主基调。

综上所述，中国传统人学从其本质来看，是根植于传统封建社会的人性论，不可避免地具有封建伦理至上的通病，其抽象的天道思想与马克思主义哲学在科学的实践基础上所建构的现实的人道主义是背道而驰的。但不可否认的是，中国传统人学以其恢宏的理论视野、精深的思想内容，在当今时代依然具有很高的学术价值。王夫之之后的中国传统人学作为以存生之理为内核，具有古代朴素唯物主义与辩证法思想的人性论，蕴含着现代人学思想，这也是其能够在现当代与马克思主义哲学的实践生存论相契合，并实现向现当代创新转化的逻辑之桥。从内容上看，中国传统人学思想中浸染着封建主义的伦理道德，具有历史的局限性，但王夫之在批判传统人学重自我体证的精神实践理路的基础上，提出了重生活实践的"存生之理"，这与马克思主义人学建立在科学实践观基础上的人与世界互为对象的交互生成理路不谋而合。

这说明，中国传统人学具有鲜明的现代价值，可以通过发掘其中的现代性因素，并将其纳入马克思主义哲学中国化及其实践人学中国化的过程中，以此来建构出中国化的马克思主义人学体系，实现中国传统人性论创新转化与马克思主义实践人学中国化的内在统一。而要实现传统人性论的创新转化，则必须将其建立在马克思主义哲学的科学实践观的基础上。作为重自我体证的心性修养学说，中国传统心性论是建立在以人为本基础上追求自我实现的理论，主张涵养本心、内圣为王。这种通过自正其心的精神实践理路实现人的自我完善的主张，与当代实践生成论所主张的通过创造性的实践理路实现人的自我生成和再生的主张十分相似。但作为根植于传统封建社会的人性理论，对天道与天理的过分强调，使得人的主体精神被遮蔽，人的改造世界的实践性力量被压抑在内向性的自我革命与超越的精神界域中。如何反身而诚、归根复命、存理灭欲、断染成净成为其人学研究的关键内容，而怎样知心知性知天，达到天人合一的境界则是其理论的核心主旨。这种重内轻外、重精神轻物质的理论基调，与马克思主义哲学科学实践观基础上的人学之关注现实生活，重视社会实践的理论风格格格不入。但与此同时，我们也应当看到，在中国传统哲学中并不乏关注现实的积极的入世精神，《大学》中"格致诚正，修齐治平"的八条目就是一条内圣外王的实践路线，而张载的"为天地立心，为生民立命，为往圣继绝学，为万世开太平"也闪耀着改造现实的主体性光辉。"马克思所主张的正是从现实的人出发，从生活实践出发"①，要实现中国传统人性论的创新转化，就需要以马克思主义科学实践观基础上的人学为中心，提取并激活传统人性论中生生不息、存生健生的主体精神，重义轻利的价值标准，自强不息的乾道品格，内圣外王的超越追求等合理的人学因子，并将其与马克思主义哲学的科学实践观相同构，同时吸纳西方人学的合理因素，建构新时代高扬价值理性、中西马交融的中国特色的实践生存论。

---

① 王南湜：《回归生活世界意味着什么》，《学术研究》2001 年第 10 期。

第三章　马克思主义哲学中国化的文化基础与路径选择

　　马克思主义哲学中国化不是一蹴而就的。要使理论与时俱进，始终具有现实的、革命的力量，需要坚持群众的立场、实践的维度、批判的精神、问题的视域、现实的考量。首先，要坚持群众的立场。历史是群众创造的，理论的正确与否也要在群众的实践中检验。要在马克思主义哲学与群众实践的深度融合中，检验与发展理论，使之在与中国实际相结合的过程中实现理论的发展与进化，在中国社会主义现代化建设中爆发出改造现实的力量。其次，要坚持对现实的理性的批判精神。马克思主义哲学作为科学世界观、方法论，能够永葆生机与活力的原因就在于其始终保持对现实的批判的态度。最后，要坚持实践的维度。在推进马克思主义哲学中国化的过程中，面向时代主题与现实关切，将马克思主义的理论文本进行时代性与现实性的解读和发展，使马克思主义哲学在指导现实实践的过程中，获得时代性、现实性以

及民族性的新内涵。要坚持问题导向。将理论的文本视域与问题
视域、文本逻辑与现实逻辑相结合。当前哲学界提出的"回到"
"走近""走进""转向""重读""重振"马克思的口号，根本目的
并不是要钻进马克思主义哲学原始文本的故纸堆中去训诂考据，
而是通过对经典文本的重新梳理、考证，消除先前的阐述者因主
观的成见而造成的误读与非法增补。只有在悬置个体性的偏见的
前提下重新回到马克思原始文本，对其产生的时代背景、理论渊
源、创作过程、文本逻辑、定稿内容、传播路径等重新进行历史
性的科学考证与实证性的解读，从历史与文化发展的大视域出发，
对马克思主义哲学理论主旨及其中国化的文化基础进行科学界定，
才能避免对马克思及其哲学的一切"无意的误解"与"有意的歪
曲"，推倒在马克思主义哲学头上堆砌的所有非法建筑，还原马克
思主义哲学的真面目。从学理上梳理马克思主义哲学中国化在理
论与实践层面的实现路径和完成机制，是我们探究马克思主义哲
学中国化发展的当代图景以及实现的现实路径的目的与宗旨所在。

第一节　马克思主义哲学中国化的
文化基础

当今时代，要持续不断地推进与深化马克思主义哲学中国
化，需要我们站在时代发展的立场上，既要从现代性的角度对中
国传统哲学进行批判与创新转化，又要重视作为马克思主义哲学
中国化的文化基础的中国传统哲学，并用中国传统哲学的话语系
统与思想理论来充实发展马克思主义哲学。由此可见，马克思主

义哲学中国化与中国传统哲学创新转化是二者相互融通、和而不同、共同发展的过程。马克思主义哲学作为根植于西方哲学传统的思想理论体系，其中国化的过程既是在中国社会实践的基础上对中国传统哲学的合理性因子重新激活与重构的过程，也是在世界实践与文化发展的大视域下吸收利用西方现代及后现代哲学中的科学理论和观念，进而使中国化的马克思主义哲学理论最终走向世界的过程。在全球化时代，"出场学"作为马克思主义哲学研究的一种新范式出现，"出"指的是摆脱遮蔽状态而呈现自身的行为，"场"指的是人类社会实践的宏大历史舞台。思想理论的"出场"指的是其摆脱遮蔽状态在人类宏大的历史舞台上现身的行为。① 任何一种思想理论的产生都离不开其产生的社会历史境遇，任何一种思想理论也不可能一出场就可以一成不变地保持永远在场的姿态。正如马克思所说，任何真正的哲学都是自己时代精神上的精华，它是文明的活的灵魂，哲学已成为世界的哲学，而世界也成为哲学的世界。② 理论学界普遍认为，在马克思的时代以及社会历史实践条件下出场的马克思主义哲学，必须要在新的时代背景、历史语境、实践场域下重新出场。要继续深入推动马克思主义哲学中国化的进程，需要对中国传统哲学进行现代诠释，找到其与马克思主义哲学相互建构的逻辑对接点与相互融通的文化共通性，为马克思主义哲学中国化、民族化找到中国文化的基础，也需要具备世界眼光，为马克思主义哲学中国化的未来发展开辟更广阔的发展空间。

---

① 任平：《走向差异之途的马克思主义出场学视域》，《社会科学战线》2011 年第 5 期。

② 《马克思恩格斯全集》第 1 卷，人民出版社，1995，第 220 页。

一、马克思主义哲学中国化的文化图景

哲学界关于马克思主义哲学中国化的研究，之前主要侧重于从民族性的角度分析其中国化的中国视域和中国传统文化图景，而忽视了马克思主义哲学作为世界性哲学的世界文化图景与世界性的文化视野。这就把马克思主义哲学中国化的理论研究局限在了中国社会与文化的狭隘视域中，不可避免地具有片面、孤立研究的形而上学性的缺陷。在这种狭隘视域中所进行的马克思主义哲学中国化的研究，或者局限于将马克思主义哲学中的部分观点理论中国化，以部分替代整体，以偏概全；或者用剥离了世界文化背景、脱离了西方现代哲学以及后现代哲学文化元素影响的马克思主义哲学来"化"中国。这就必然导致马克思主义哲学中国化的理论发展过程被大大简化了，成为马克思主义哲学单方面地在中国的宣介与发展的理论输入过程。这种研究视域使得对马克思主义哲学文化底蕴的把握更多地局限于中国传统哲学内部，而失去了更广阔的世界眼光与更开放的文化视野。只有将马克思主义哲学中国化放在世界文化与哲学体系中去诠释，才能会通古今中西，更好地揭示其理论发展的时代性、民族性与世界性。

马克思主义哲学中国化需要将中国图景与世界图景统一起来，这是从马克思主义哲学中国化的文化底蕴研究的两个视角所开显出来的。涉及马克思主义哲学中国化的文化底蕴问题，目前有两种不同的研究视角。一种视角主张从中国革命与改革建设的具体的历史的实践过程以及中国社会文化传承与思想演化的进程出发，去分析和探究马克思主义哲学中国化的文化底蕴问题，在

与中国社会以及思想发展的实践过程相结合的基础上，对马克思主义哲学中国化的研究路径、思维模式、问题视域等进行梳理。从这个角度出发研究马克思主义哲学中国化，其探讨的焦点话题就变成为什么中国化的只能是马克思主义哲学而不能是其他哲学理论，其理论主旨便成为如何用马克思主义哲学而非其他哲学思想来达到"化"中国的目的，马克思主义哲学又将如何实现对中国传统哲学这一本土哲学理论的整合和创新，如何通过对中国传统哲学的实践改造与理论指导来解决中国现实与未来发展的一切问题，就是马克思主义哲学将以何种方式、何种形态中国化的问题。这样，马克思主义哲学中国化的过程就变成不断发展的马克思主义哲学与中国传统哲学之间的文化认同、民族认同以及马克思主义哲学与中国社会发展之间的实践认同的过程，是马克思主义哲学在中国视域下的理论谱系不断完善的过程。另一种视角则是从整个世界的文化发展谱系及规律，从人类整体的群体性实践出发，来分析与探究马克思主义哲学中国化过程中的文化底蕴问题。在世界视域下，马克思主义哲学中国化的研究路径、思维模式以及关键论域便不再局限于中国传统哲学范围内，而是将西方现代哲学以及后现代哲学也作为马克思主义哲学中国化的文化底蕴纳入理论发展中，是中西马哲学在中国社会乃至世界实践基础上的融通，将马克思主义哲学理论体系的民族特性与世界特性结合起来，在马克思主义哲学中国本土化的过程中凸显马克思主义哲学理论本身的世界属性与时代属性，使中国的马克思主义哲学获得更广泛的世界认同与时代认同，拥有更广阔的世界图景与更完善的理论谱系。

这两种视角是内在统一的，体现了马克思主义哲学的民族性与世界性的统一。前者旨在从马克思主义哲学中国化的民族视域出发，在"化"中国的过程中，创新与改造中国传统哲学，在解决中国具体的现实的实践课题的过程中，充实理论的民族性内涵，重塑中华民族的精神，旨在从实践的内在本源处构建中华民族共有精神家园。而后者旨在从马克思主义哲学中国化的世界视域出发，在"化"中国的前提下，在取得民族认同的基础上，面向世界、服务时代，通过融通中西马为解决世界课题提供理论依据与实践指导，赋予中国化的马克思主义哲学更广阔的世界胸襟和与时俱进的时代眼光，使中国化的马克思主义哲学走向世界，获得更广泛的世界认同，找到更多元的实现路径。二者相辅相成，缺一不可。离开了前者，马克思主义哲学中国化就失去了最切近的实践基础与文化依据；离开了后者，马克思主义哲学中国化便失去了世界文化与实践的包容度和解释力，缺少了走向世界的魄力与气度。如果将马克思主义哲学中国化仅仅看作"化"中国，看作在中国范围内的"化"，而置世界文化与实践发展的动态图景于不顾，将马克思主义与其西方哲学传统割裂开来，对与其同时期的西方现代哲学及作为其后学的西方后现代哲学视若无睹，那只会使马克思主义哲学失去其发展的世界舞台，丧失解释世界、改造世界的革命性与时代性。在当代全球化大融合的世界与时代发展背景下，只有将马克思主义哲学理论的中国化发展过程置于古今中西的历史文化与实践的大视域中，才能在多元文化的交流碰撞中，在多层次全方位的社会实践的助推下，描绘马克思主义哲学中国化的中国图景与世界图景。

针对当前马克思主义哲学中国化的文化图景研究更多立足于国内的现状，学界有观点指出，目前我们在研究马克思主义哲中国化的过程中，更多地是站在中国立场上，用中国式眼光与中国传统文化思维搭建中国化的马克思主义哲学体系，而这样创生出的哲学体系只能游离于世界之外，缺乏解释与改造世界的时代性和革命性，很难获得更广泛的世界认同。当然，马克思主义哲学中国化作为中国历史与人民的正确选择，作为解释与解决中国历史与现实的问题、改造与创新中国传统哲学的科学理论，作为中国特色社会主义建设以及实现中华民族伟大复兴的理论指导，是经过中国历史与实践考验的不容置疑的最优选择。但如果离开了世界实践与文化发展的大视域，离开了时代性与世界眼光，仅仅局限于中国范围内，在中国本土的实践基础上来研究马克思主义哲学中国化进程与中国传统哲学的创新与转化之间的相互交织，则不可避免地会带有封闭性或教条化的倾向。所以，如何将马克思主义哲学的中国图景与世界图景结合起来，如何在中国化的过程中将马克思主义哲学中具有时代性与革命性的概念、范畴、价值观、方法论融入世界文化体系，在民族化的基础上实现马克思主义哲学的世界化，这是我们需要深入探讨的问题。

马克思主义哲学作为根植于西方文化的思想理论，却能够影响整个世界，正是源于其关注整个世界与全部人类的宏大视野，"吸收和改造了两千多年来人类思想和文化发展中一切有价值的东西"[1]。在马克思主义哲学中国化的过程中，只有将中国视域与世界视域结合起来，才能使理论具有普遍的解释力与革命性，同时提高人类整体的辩证思维能力与现实批评能力。而中国传统哲学的先进文化因子在与世界多元哲学的交流和碰撞中，也将极

---

[1] 《列宁全集》第39卷，人民出版社，2017，第374页。

大地促进世界文化的互惠互利，在视域融合的过程中激活理论的活性因子，实现传统向现代的创新转化。还有学者从人类思维与哲学的本质出发，认为任何对思维的具体化或局限化的努力都是与思维开放和无限生成的本性相违背的，中西马哲学的视域融合正是哲学追求永恒价值、终极意义的本质的显现。因此，当代马克思主义哲学中国化的文化视域与实现路径必须进行一次科学的扬弃，在辩证的否定的基础上，将马克思主义哲学同中国乃至世界的文化与实践相结合，使理论能够更好地体现时代内容，满足时代发展的需要，解决中国与世界发展提出的新问题，成为助推中国与世界繁荣进步的精神力量。

综上所述，马克思主义哲学中国化的进程正是其中国图景与世界图景相互交织的过程，并且在中国图景与世界图景间存在着时间和空间的横纵联系。横向联系是指要在当前全球化的大背景下，在多元文化的互动与交融中来分析马克思主义哲学中国化的文化图景，首先需要我们对马克思主义哲学的世界化与全球化进行科学的辨析。全球化并不等于世界化，也不等于现代化，全球化从本质上来看仍然是资本主义世界所主导的世界发展，是以世界在政治、经济、文化等各个领域的资本主义化为目标的，本质上具有反对民族化与多元化的特点。而马克思主义哲学作为世界哲学，其民族化和多元化是相统一的，尊重民族多元文化在内容、形式、发展路径选择上的特殊性，其理论发展的世界化是以其民族化为基础的。因而，马克思主义哲学中国化的进程中必然会有多元哲学传统之间的冲突与融聚。纵向联系是指马克思主义哲学作为时代精神的精华，其与时俱进的理论特质决定了随着中国社会与世界历史的发展、实践的发展、文化的变迁，马克思主义哲学会不断扩充与更新自身的理论体系、概念范畴、问题视域，在发展的不同阶段呈现出阶段性的、独特的理论形态以及差异化的实现路径。

马克思主义哲学中国化经纬交织、纵横交错的理论发展特点，对我们从多元理论视角把握马克思主义哲学中国化的文化底蕴问题以及在古今中外的历史大视域中考察中国当代马克思主义哲学理论体系的搭建具有建设性的积极作用。马克思主义哲学中国化的横向联系尤为重要，它使我们能够从比较文化的理论视角，在整体把握马克思主义哲学的西方哲学传统、理论特质的基础上，将马克思主义哲学、中国传统哲学和西方现代哲学与后现代哲学的文化差异性与共通性进行横向比较，通过多元文化因子与中国传统文化元素之间的碰撞、对话与交融逐渐丰富和充实马克思主义哲学中国化的文化底蕴。当今学界，中西马哲学在理论课题、研究路径与方法等方面各具特色。马克思主义哲学是建立在科学实践观基础上的辩证唯物主义和历史唯物主义，是关于自然、社会历史以及思维发展规律的理论体系，是科学世界观、方法论。西方现代哲学与后现代哲学特别是西方马克思主义哲学，在对资本主义国家特别是当代发达资本主义国家的政治、经济、意识形态进行的理性分析与科学批判基础上，建立了批判的马克思主义哲学的理论体系。而中国传统哲学则是在马克思主义哲学的指导下，在扬弃中国传统哲学体系的基础上，建立了从过去走向现代的创新转化的现代中国哲学体系。针对这三种形态各异的哲学体系，三种不同的历史文化根源与时代使命，我们需要从比较文化的视角找到它们相互接纳与融通的逻辑契合点，在充分尊重差异性的前提下，寻找公度性与通约性，从而揭示马克思主义哲学中国化两大图景相融通的发展路径与规律。

在马克思主义哲学中国化的文化图景中，横向联系是从比较文化研究的角度，寻找多元文化的差异性与共通性，在普遍性与特殊性相结合的基础上找到马克思主义哲学在世界多元文化系统中的定位，通过与多元文化相结合实现其外部文化增量上的变化。而纵向联系是在社会历史无限发展的大视野中，探讨马克思主义哲学中国化的文化底蕴问题，阐释了推动马克思主义哲学中国化的阶段性、历史性发展进程的内在机制，以实现内部文化存量的增加为宗旨。马克思主义哲学中国化的过程正是横向与纵向同步推进的过程，这两种发展路径呈现出两幅发展图景。横向发展路径呈现出的是在多元哲学的冲突与交融中，在解决世界与时代课题的过程中，哲学体系与形态不断时代化与世界化的外部发展史。纵向发展路径呈现出的是哲学系统内部哲学形态和体系的自我更新的内部发展史。横纵两种路径共同呈现出的便是马克思主义哲学作为开放的、包容的、先进的理论体系，面向自身、面向时代、面向世界的不断自我超越、自我创新、自我完善的理论发展史。

在助推马克思主义哲学中国化，建构其发展的文化图景的过程中，横纵两种路径要同等重视。首先，如果忽视了马克思主义哲学理论自身的阶段性发展的内部存量的增长，而只追求融通多元文化的外部增量上的变化，理论内部由量变到质变的内在机制便会瘫痪，没有了理论内部的研究模式、思维体系的阶段性自我革新与自主发展，再多的外部增量都无法实现哲学理论体系的质的飞跃。同时，外部增量的变化也不容忽视。如果只讲哲学体系内部机制的变革与创新，只重视研究模式的转换与思维体系的更新，把哲学研究局限于狭隘的、极度专业化的象牙塔里，而忽视了多元文化的相互融通与借鉴，便会使马克思主义哲学越来越单一性与片面化，渐渐被排除在世界文化发展的历史进程之外，失去了多元文化的多点支撑，就会成为离开了现实的丰厚的文化土壤的空中楼阁，这种孤立的、呆板的、纯粹的理论研究方式只会使理论之花日渐枯萎，使理论成为机械的概念的堆砌、病态的自言自语。要使哲学理论具有时代性与革命性，就要在多元文化的交流中获取新的活性因子，在对现实的敏锐洞察与积极回应中增加理论的解释力与生命力。

二、马克思主义哲学中国化的民族性与时代性

在坚持将马克思主义哲学中国化的中国图景与世界图景相结合的前提下，我们需要坚持民族性与时代性相结合的立场，警惕当今学界从多元文化的维度去肆意解读马克思主义哲学的错误倾向，及时纠正各种模糊马克思主义哲学的本质精神与时代价值的机械比附与理论误读，主动规避马克思主义哲学的泛意识形态化与自我边缘化的风险，防止出现马克思主义哲学在世界化的过程中失去自我的规定性而丧失自我的危险。针对各种不负责任的简单比附与解读所导致的理论多元化与相对主义的理论发展格局，以及在哲学研究中存在的对西方概念范畴的无灵魂的照搬与复制，和对西方研究模式和思维逻辑的过分依赖等问题，我们要从对西方的盲目崇拜中清醒过来，坚持马克思主义哲学在意识形态领域的指导地位，在其中国化的过程中，将马克思主义哲学的革命性理念与时代性特质熔铸于中华民族精神内核当中，要重拾文

化自信，重塑中华民族的精神，争夺民族文化的话语权，在中华民族伟大复兴中国梦的感召下，激发理论创新的动力与实践参与热情，使马克思主义哲学中国化在学术定位、问题视域、理论逻辑、实践指向上实现理性回归。

对马克思主义哲学中国化的民族性的探讨，在新时期中国社会主义改革与发展的关键阶段具有重大的理论价值以及现实意义。只有将马克思主义哲学的时代关切、价值诉求同当代中国改革实践与建设实践相结合，同中国传统哲学的创新转化的发展需求相对接，才能在马克思主义哲学中国化的发展进程中获得足够多的实践支撑与文化认同，使马克思主义哲学中国化的理论成果得到基于中国社会实践发展与文化转型发展的当代认可，为实现中华民族伟大复兴的中国梦与构建中华民族精神家园提供理论指导与智力支撑。同时，马克思主义哲学中国化作为对中国社会实践发展以及文化转型发展过程的理论呈现，随着中国社会主义事业不断向前推进，产生了一系列新的理论成果，这些理论成果从理论与实践的层面丰富了马克思主义哲学的理论内涵与实践意义。关于马克思主义哲学中国化的问题，学界达成了普遍共识，即马克思主义哲学中国化的研究不应囿于理论层面的体系建构，当以问题为导向、以服务实践为宗旨，将理论与时代、民族与国家发展和现实需要结合起来，与中国传统哲学现时代的创新转化结合起来，使理论在内容上更丰富，在形式上更生动，在中国文化与实践的土壤中生根发芽，真正实现中国化、时代化、大众化。从古今中外的大视域出发，立足于中国特色社会主义实践与中国传统哲学，在解决现时代中国改革与发展所遇到的矛盾与问题的过程中，创造出一个全方位多领域的具有民族特色及中国特质的中国化的马克思主义哲学体系。进而在民族化的基础上，将理论的发展与完善同世界范围内的社会历史实践相结合，与西方马克思主义哲学的优秀文化元素相结合，展现出马克思主义哲学的世界化的发展前景。

由于马克思主义哲学的直接理论来源是德国古典哲学，吸收和借鉴了黑格尔哲学辩证法思想的合理内核与费尔巴哈哲学唯物主义思想的基本内核，在以往的哲学研究中，大多把马克思主义哲学归属于西方哲学。其论证逻辑是：哲学是时代精神的精华，马克思主义哲学自然也应当是对 19 世纪上半叶的社会变革的实践内容及其积极成果的概括总结。随着自然科学的三大发现的提出，世界的物质统一性最终得到了确证。而社会科学的发展以及资本主义发展过程中基本矛盾的不断激化也使得人类社会发展的历史过程性及辩证图景日益凸显。马克思在肯定德国古典哲学对时代内容及精神本质的高度把握的基础上，批判了其将唯物论与辩证法、自然观与历史观相割裂的错误，提出了唯物辩证的自然观与社会历史观，建立了科学的理论体系，从而使其哲学真正成为文明的活的灵魂。所以，马克思主义哲学是隶属于西方哲学的，是对西方哲学学术脉络的继承与发展。但是，这种划分无疑会把马克思主义哲学限制在狭小的地域范围内，受狭隘的民族性的影响限制了理论发展的空间与活力，削弱了理论的解释力与影响力，作为发展着的理论，将其局限在西方近代文化发展的背景下，离开了世界性的宽松包容的文化氛围，其时代性的内容与永恒的历史价值受时代局限性的影响自然无法凸显，不利于理论的动态演进。

与之前的旧哲学不同，马克思主义哲学作为在资产阶级开创的历史向世界历史转变的宏大历史背景下建构出的"世界的一般哲学"①，作为反映世界历史发展规律与人类思维规律，并经实践证实为科学的世界观与方法论的哲学体系，它不再仅仅是民族性或地域性的，它已经超越了民族、地域以及时代的局限，在当前全球化的人类实践中仍然具有普遍的价值与指导意义。马克思、恩格斯认为"中国的社会主义跟欧洲的社会主义像中国哲学跟黑格尔哲学一样具有共同之点"②，认为中国古代的矛盾观、"两极相连"的方法作为一个普遍原则对西方文明世界的变革产生了重要影响。可见，从其理论来源来看，中国传统哲学在马克思主义哲学的产生与发展过程中同样具有十分重要的作用，而这也是马克思主义哲学中国化内在的文化底蕴。而马克思主义哲学的中国化则是世界性与民族性相结合的必然要求。马克思主义哲学作为"总的**指导**原理"③，是基于宏观的社会历史的发展状况提出的具有高度概括性的抽象的原则。要想让理论活起来，发挥出改造现实的作用，就要抛弃其纯粹的、文本的抽象表现形式，转换成可操作的具象的实践活动。这就要求将时代性与民族性结合起来，关注不同国家、民族在不同的时代背景下所面临的具体的实践课题，与具体的历史的实践相结合，把批判的武器转化为现实的革命的力量。首先，马克思主义哲学通过和中国革命与建设实践的结合，具有了中国作风与中国气派，这种中国化的马克思主义哲学获得了恰当的民族表现形式，成为指导中国革命与建设取得最终胜利的制胜法宝。另外，从逻辑承继来看，作为马克

---

① 《马克思恩格斯全集》第 1 卷，人民出版社，1995，第 220 页。
② 《马克思恩格斯全集》第 7 卷，人民出版社，1959，第 265 页。
③ 《列宁选集》第 1 卷，人民出版社，2012，第 274 页。

思主义哲学中国化的文化根基，必须将中国传统哲学中所蕴含的积极的具有时代性的内容通过社会实践与理论创新析取出来，找到马克思主义哲学与中国传统哲学的逻辑对接点，再经过理论的改造升华，使之接到马克思主义哲学的理论体系中，如此才能切实推进马克思主义哲学中国化、时代化、大众化的进程，实现理论的发展。

坚持民族性与时代性的立场，需要我们从马克思主义哲学的各种错误的研究模式与思维逻辑中走出来，从中国特色社会主义建设实践出发，使中国化的马克思主义哲学获得民族性的表达，成为民族文化的精髓与精神之魂。历史上错误的研究模式与思维逻辑主要有以下几种：一是从马克思恩格斯的经典著作来研究和发展马克思主义哲学的以"书"解"马"或以"马"解"马"的方式，认为从文献学的角度对少数原典及经典文献的研读，就能把握马克思主义哲学的全部思想内涵与理论特质，认为通过引用经典文本的权威性表述便能为马克思主义哲学的当代发展找到意义与依据，这种阐述方式用理论来检验与发展理论，本质上是一种循环论证的本本主义；二是以苏联模式与苏联教科书来教条化地阐释马克思主义哲学的以"苏"解"马"的方式，这只能使理论的发展因脱离中国现实而遭遇发展的困境；三是以西方哲学的某一流派的理论体系（如分析哲学）来阐释马克思主义哲学的以"西"解"马"的方式，认为只有将马克思主义哲学纳入西方文化的强势话语系统与理论框架，才能获得理论的长足发展，同样，中国传统哲学离开了西方哲学的解释系统便会失去存在与发展的合法性根基，最终被世界文化发展抛弃；四是以西方后现代哲学来阐释马克思主义哲学的以"后"解"马"的方式，通过引入西方后现代哲学的概念、范畴、文化元素来对马克思主义哲学理论体系强行进行解构与重构，这只会导致核心价值的消解、意义的沦陷、精神的异化，使理论的发展步入险境。

以上几种错误的研究模式在马克思主义哲学的研究历史上都产生过重要的作用，但这些模式都将理论研究局限在了固定、僵化、单一的理论框架内，会导致学科界限的固化、学科内容的教条化和停滞化。具体来讲有以下不良后果。首先是理论的抽象性与教条化。不论是以"书"解"马"、以"马"解"马"还是以"苏"解"马"的理论研究方式，都只会产生出教条化的、僵化的理论体系，创造出抽象的、空洞的哲学概念与范畴，此种研究模式将理论的"经典形态"与"当代形态"、"文本形态"与"现实形态"对立起来，只会破坏理论的科学价值与革命力量，使理论脱离实践、背离人民、远离时代，成为专制政权为进行意识形态控制反注经典的产物，沦为假大空的宣传口号。其次是理论的无我性。以"后"解"马"的研究方式用西方后现代的概念范畴体系强行对马克思主义哲学体系进行随意增补，这种任意的、无目的的解构与重构，只会在马克思主义哲学体系上堆砌出无数的非法建筑，使理论面临自我被解构的危险。最后是理论的多元化与相对性。诚然，理论研究的多元化取向是理论不断走向成熟的需要，是理论本性使然。但对理论缺乏系统性、整体性把握的断章取义式的断裂性的诠释，造成了理论的碎片化。而多元文化融通机制与统一平台的缺失，导致了理论之间各执一词，评价标准褒贬不一，理论支点参差不齐，共识无法达成，公度与通约无法实现。在话语无序与文化冲击的内外交困的局面下，马克思主义哲学面临体系断裂、真义模糊、与现实脱节、解释失灵的风险。

可见，只有从中国的理论与实践发展的现实诉求入手，在坚持马克思主义哲学中国化的实践立场以及时代方向的前提下，在推动马克思主义哲学中国化发展的过程中，将其富有科学性与革命性的先进理念与中国传统哲学相结合，与中国特色社会主义现代化建设实践相结合，对其进行解读的以"中"解"马"的方式，才是发展的、科学的、现实的解读，才能推动理论的中国化、时代化、大众化，使理论的内涵不断丰富、体系不断完善。

综上所述，当代马克思主义哲学研究应当从过去离群索居的学院式的研究中走出来，从片面的、虚无的自我消解中走出来，放弃思辨的、纯概念的堆砌，面向实践，紧跟时代，融入生活。"时代是思想之母，实践是理论之源"①，所以，当前马克思主义哲学研究的根本任务便是在指导中国建设实践、重塑中华民族的精神的过程中实现理论的创新与发展。我们讲回到马克思主义，并不是以回到经典文本为最终目的，而是带着问题的回归，通过对原始文本的重新梳理，彻底消除以往对理论的误读，找到马克思主义哲学原始文本中回应时代问题、民族关切的精神资源，找到解决现实矛盾与理论发展困境的思路与方法。马克思主义哲学作为民族精神的鲜活话语与时代精神的精华，决定了它只有与中国的社会实践相结合，才能具有源源不断的理论资源与发展动力。马克思主义哲学的真义不在抽象的文本，而在不断变化发展的实践中。只有坚持问题导向，加强理论与实践的内在统一，才能实现理论的与时俱进。马克思主义哲学的发展从根本上看，是在实践的催化作用下理论内部革新的结果，是一种内在的超越。

---

① 习近平：《决胜全面建成小康社会　夺取新时代中国特色社会主义伟大胜利——在中国共产党第十九次全国代表大会上的报告》，人民出版社，2017，第26页。

这是马克思主义哲学批判性与实践性本质的体现。

马克思主义哲学只有在指导中国特色社会主义实践的过程中，其科学性与革命性才能真正体现出来；只有其精神性的价值原则、先进的文化理念熔铸于中华民族文化特别是中国传统哲学的创新转化中，渗透在重塑中华民族精神的先进文化的建设过程中，才能获得民族性的广泛认同；只有坚持问题导向、时代导向、实践导向，理论的本真精神与灵魂才能被唤醒，才能获得时代性、民族性的表达。这就要求马克思主义哲学要站在时代性与民族性的立场上，不断与时俱进、自我革新，尊重民族精神发展规律，力图用中国人民喜闻乐见的内容表现形式，在民族精神的赓续中不断实现理论的自我革新与发展，在进一步中国化的过程中深化民族认同、文化认同、时代认同与实践认同，实现自我的内在超越。要让马克思主义哲学的本真精神与中国实践、中国精神实现内在同构，使中国化的马克思主义哲学成为中华民族的信仰之基、民族之魂。在坚持马克思主义哲学在意识形态领域的指导地位的前提下，保持理论对时代与实践课题的关注度与参与度，加强理论在中华民族精神中的凝聚力与向心力，从而拓宽理论发展的道路。是否捍卫及怎样捍卫马克思主义哲学中国化的时代立场和发展方向，关系到我们党和国家及社会主义建设事业的兴衰成败。只有坚持服务人民的阶级立场、面向实践与时俱进的理论发展方向，才能不断推动马克思主义哲学中国化、时代化、大众化。

而如何在精神文化层面，在重塑中华民族精神的过程中，使马克思主义哲学获得民族性的表达，使中国化的马克思主义哲学成为民族文化的精髓与精神之魂，这是在深入推进马克思主义哲学中国化的过程中遇到的核心问题。有观点认为，文化系统具有其发展演变的生命规律，作为受文化生命发展周期规约的超稳定的文化范式或结构，不同文化系统之间是各自独立、彼此隔绝的。施本格勒的文化形态演变说认为，作为产生不同文化的独特形式、内涵及演化规律的文化范式，这种稳定的文化结构在文化的表层塑造了文化的特殊话语系统与表述方式，而在文化的深层塑造了其精神特质与思想精髓。文化范式的超稳定性决定了它的不可移异性，其不可移异性导致了文化系统作为封闭性与保守性存在无法对外界做出回应。这使得不同文化系统之间的任何交流与会通都是无法实现的。中国传统哲学由于先天地受自己所归属的文化结构规约，只能用自身固有的范畴、体系、模式来解读自身与其他外来文化，尽管在外来文化因子的刺激下可以催生出外在的新形式，而这些外在形式在本土文化中的强势植入能够激活本土文化中的活性因子，并与内源因子产生一些互动，但这种互动与交流只停留在浅表的形式上，并且只是一些随机的互动。作为外源文化，虽然能够通过外在的高压强制本土文化放弃其内在的某些文化元素并改变其构成方式，产生类似假结晶的文化融通现象，但外来文化深层的精神内核与文化精髓却无法真正本土化并被本土文化系统接纳吸收。这种文化系统内部的超稳定结构决定了其深层的无公度性。森严的文化壁垒使得文化的深层很难实现对话与交流，文化发展的惰性使得中国传统文化固守其文化土壤与特定背景，天然地抗拒外来文化的影响。即使能够相互接纳也只停留在浅表层面，而只要深入观念与意识形态层次，受其文化惰性的影响，只能按照惯性即按照本来的文化范式运行。从文化内在的演化机制与固有的发展规律来看，中国传统哲学根本不可能与马克思主义哲学相结合，它早就死在了封建社会特定的时代背景中，自然不可能在与马克思主义哲学精神特质相结合中实现创新转化并升华出中国传统哲学在新时代的文化形态。

这种观点将文化系统看作封闭的、保守的单子，将文化的精神内核束缚在其产生的具体的文化背景及历史场景中，单子结构也使得文化之间的相互接纳与包容始终是有限与不彻底的，这种肤浅的观点只能限制文化的发展空间与视野，有碍文化的创新与发展。因为，从文化发展的历史来看，不同文化体系之间的相互通约是真实存在的，并且这种相互的接纳与会通不仅是停留在表层的，而且是表层与深层同时进行、立体交织的。而且从学理上看，不同文化系统之间越是在深层，越能发现逻辑的契合点与文化元素的内在共通性，其相互通约的可能性越大。以马克思主义哲学在中国的传播与发展的历史事实为例，马克思主义哲学在中国化的过程中，其与中国传统哲学的深层融通，使得中国传统哲学体现出了马克思主义哲学的批判性、革命性、时代性的本真精神，也使得其自身更具有民族性的内涵与民族化的表现形式。

马克思主义哲学的民族化正是在与中国传统哲学在观念与意识形态的核心内涵层面相互对话与交融的过程中，在融通古今中西的一切文化因素的基础上产生的具有时代与民族特性的文化发展新视野。中国化的马克思主义哲学正是在与多元文化的相互对话与渗透的基础上，在中国特色社会主义先进文化建设的公共平台上所达成的共识。可见，在文化交流与融通的发展过程中，本土文化与外来文化之间绝不会存在单子似的封闭的文化壁垒，正是不同文化的交流才能为本土文化的更新与转化带来发展的文化资源与动力，不断提高文化的时代价值与丰富其实践意义，促成两种文化形态与内涵的同步发展与创新。有观点认为，马克思主义哲学的当代发展必须重返其理论的原始文本与历史语境，在"回到""走进"的文本解读中重现理论真义，同时立足于当代社会实践及民族文化视域，找到理论的时代价值与民族化的发展路径。有观点认为，马克思主义哲学的当代发展要在反思与解决现实矛盾与时代课题的过程中，在吸收与革新多元思想文化的过程中，激活其先进性的思想因子，充实其时代性的文化内涵。有观点认为，要使马克思主义真正成为新时代中华民族精神之魂，就必须将民族性与时代性相结合，在融通中西马三种文化系统的基础上，巩固马克思主义哲学作为主流意识形态的指导地位以及作为中华民族精神文化精髓的文化地位。这三种观点为马克思主义哲学中国化问题的研究提供了值得借鉴的路径与方法，凸显了马克思主义哲学中国化的民族性与时代价值。

第二节　马克思主义哲学中国化的文化底蕴

中国传统哲学作为中华民族数千年文化的核心，是马克思主义哲学实现中国化必然要面对的深厚的文化底蕴，它从文化维度回答着马克思主义哲学这一外源性理论能否在中国大地扎根并实现中国化、其中国化在何种程度上可能及如何可能的问题。从整个人类文化发展的宏观视域及其历史演进过程中不难发现，马克思主义哲学中国化的过程恰恰也是中国传统哲学在现时代不断创新转化的过程。正是在二者的相互交融与双向互动的过程中，中国特色社会主义思想文化体系才可以不断发展与升华。要探究马克思主义哲学中国化的文化底蕴，就需要从马克思主义哲学的现代旨趣以及文化发展的深层维度进行系统梳理。

一、文化底蕴研究的意义与价值

首先，从文化自身的发展规律来看，马克思主义哲学与中国传统哲学相结合并逐渐中国化的过程是内需驱动与外力助推相结合、内在扬弃与外在嫁接相交织、内部互动与浅表结合相交融的过程。其次，从文化发展与升华的实现路径与内在转化机制来看，马克思主义哲学中国化的过程，是作为主导文化的马克思主义哲学对中国传统哲学中具有现代性、科学性的民族理念进行创造性改造，使之与马克思主义哲学相契合以实现文化交融的过程。最后，从文化发展的结果来看，马克思主义哲学在与中国传统哲学互动交融的过程中得出了一系列哲学理论成果，这些成果的形成过程就是马克思主义哲学基本原理与中国哲学的优秀传统以及中国共产党人的实践经验互动与契合的过程，代表了当前我国社会主义先进文化建设的前进与发展方向。

对马克思主义哲学中国化的文化底蕴问题的探讨与研究，使我们能够更加全面和科学地把握马克思主义哲学的精神内涵及时代特征，同时站在科学性、时代性、民族性及世界性的高度把马克思主义哲学中国化与中国传统哲学的创新转化具体地、历史地统一起来，在科学把握中国特色社会主义理论与文化发展的最新成果的基础上，坚定理想信念，增强"四个自信"，积极投身到推动马克思主义哲学中国化的创新与发展的工作中去。

　　马克思主义哲学与中国传统文化特别是中国传统哲学的互动过程中，既有异质文化之间的冲突与纠葛，也有多元因子的互补与圆融。正是这种共生共荣的相互关联，形成了文化与社会现代化发展的内在张力。在中国社会与文化现代化发展的宏大历史背景下，不难发现，正是由于这种内在张力的作用，马克思主义哲学获得了民族的、大众的表现形式，在与中国具体的现实的社会实践相结合的过程中更加成熟与完善，理论解释与指导现实的能力不断增强。而中国传统哲学，经过了中国社会革命、社会主义改革及建设实践与马克思主义哲学科学世界观、方法论的双重洗礼，正在逐渐完成创新转化，成为马克思主义哲学中国化与当代社会主义先进文化建设坚实的思想文化根基与内在的精神助推。马克思主义哲学作为时代精神的精华，是在总结与吸收人类有史以来的一切先进文化的基础上，经过科学的扬弃与理性的改造产生的。人类的几千年文明发展的最高成就便是其深厚的历史文化底蕴。

　　可见，马克思主义哲学与人类文化不是完全隔断的，它不是某一时间或某一地区的文化的产物，而是在整个人类文化发展与交融的大背景下，在异质文化与多元因子的冲突与碰撞中，在社会历史发展与多元文化碰撞的双重架构中，不断积淀、凝聚与升华而成的结晶。只有在历史、文化、社会发展演进的宏大视域中，我们才能更深刻全面地把握马克思主义哲学中国化的历史必然性，把握其丰富文化底蕴的现代性趋向。既然马克思主义哲学的文化底蕴是人类的一切文化成果，那中国优秀传统文化特别是中国传统哲学的精华作为其中的一部分，必然蕴含着推动马克思主义哲学中国化的现代性因子，潜藏着其在现当代创新转化的无限可能，积蓄着助推社会主义先进文化建设、拓展马克思主义哲学的理论发展视野与文化演化图式的强大动力。马克思主义哲学正是在整合中国传统文化特别是中国传统哲学的优秀成果的基础上，才得以不断完善与全面推进。而如何将中国传统哲学的现代性因子与无限的动力与潜能激发出来，使之真正参与到马克思主义哲学中国化的历程中，成为马克思主义哲学中国化、时代化、大众化发展的文化支撑，这就需要我们在建设社会主义和谐社会与发展社会主义先进文化的过程中找到二者相融合的具体可行的途径与方式，通过整合与转化，使中国传统文化参与到当今时代社会思想文化发展演化的民族认同、时代认同、实践认同和哲学认同过程中去，通过创造性转化和创新性发展将其蕴藏的文化潜能激发出来，成为切实的文化助推力量，并在此基础上淬炼出当今时代的"文明的活的灵魂"以及"时代精神的精华"——中国化的马克思主义文化观念以及哲学观念。

二、文化底蕴中异质文化间的多元互动

要探究马克思主义哲学中国化的文化底蕴，本土文化与外源文化的关系问题则是不可回避的核心问题。针对这一问题，学界有不同的观点与看法。有观点认为，异质文化之间沟通与交流的程度在浅表与深层是完全不同的，文化的交融更多存在于浅表层次，如不同文化之间在音乐、舞蹈、绘画、饮食、服饰和娱乐等方面能够相互借鉴与包容，而一旦触及深层次的观念、意识等领域，由于文化异常稳定的深层结构，异质文化之间的相互拒斥就会变得异常激烈。这便是深层无公度理论。中华文化亦是如此，

哲学思想作为存在于文化深层最核心的观念意识，在文化惰性的影响下，其包容性是非常有限的，马克思主义哲学与中国传统哲学之间在文化深层不存在可通约性，马克思主义哲学作为异质文化、外源文化，一旦来到中国便会水土不服，失去其文化生命存在与发展的根基与土壤，成为无源之水、无本之木，是结不出果实的花。有观点认为，近代以来，被西方的坚船利炮打开国门的中国人早已失去了自信，而这种自信的缺失是全方位的，不仅在科技、制度上崇拜西方，甚至文化阵地都处于失守的状态。经过五四新文化运动的全面否定，中华民族的文化根脉被连根拔起。随着西方民主与科学的强势入侵以及马克思主义的传入与普及，在异质文化的冲击下，中国传统文化面临发展的困境，其正常的发展被无情地阻断，其自成一体的理论体系被打散，文化的断层不可避免。马克思主义哲学与中国传统哲学绝无实现相互融通、彼此建构的任何可能，根本不存在任何理论意义上的马克思主义哲学中国化，有的只是在中国传统哲学被抽离，中国传统文化空场之后的中国的马克思主义化。这被称为文化断层理论。有观点认为，当今时代是以西方为主导的全球一体化的时代，西方世界在政治、经济乃至文化领域具有不可撼动的霸主地位，在西方强大的文化攻势下，西方的意识形态会成为一切异质文化的全面终结者，中国在现代化与全球一体化的浪潮中，最终必然会从马克思主义哲学的意识形态的钳制中解脱出来，融入西方的强势文化，享受西方文化发展带来的利益。这就是所谓的意识形态终结理论，在该理论看来，马克思主义哲学中国化在未来的中国既不必要也没有可能。当然以上观点都是值得批判的，因为从外源文化与本土文化的关系来看，二者虽处于不同的文化系统，但系统开放性的特点表明系统要存在与发展就需要吐故纳新，不断从外部补充新鲜血液。文化亦是如此，任何一种本土文化要想发扬光大，就需要从外界获取不断发展与完善自身的资源与动力。要发展中国特色的社会主义文化，就需要在继承与发扬中华文化的精华的基础上，用马克思主义的时代眼光与科学思维对其进行民族性、时代性、世界性的创新改造，将民族文化与马克思主义这两个系统有机地结合起来，形成一个开放、包容、互动的系统交互传输网，在内源因子与外源因子的相互交流与生成中，实现良性循环，拓宽文化自我生成的界域，增强其解释与改造现实的理论力量。

马克思认为，理论在一个国家的实现程度，取决于该理论满足这个国家需要的程度。对外源文化的吸收的过程也是对其进行本土化改造的过程，正如吃饭要用自己的胃对外在的食物进行消化才能吸收一样，在对外来文化的吸收中自然要打上民族文化的烙印。正如任继愈先生所分析的那样，"外来的上层建筑搬了来，不加改装……到底它生不了根，更不能发展"[①]。黑格尔说要让哲学说德国话，毛泽东提出要让哲学说中国话，都是这个道理。另外，一个不具有包容性与创新性的文化只能在内外交困中逐渐失去生机与活力，被时代抛弃。在社会剧烈变动的大变革时期，在外来文化因子的刺激下带来的思想观念、意识形态领域的革新往往是社会其他领域革新的先声。贺麟说："新文化运动最大的贡献在于破坏和扫除儒家的僵化部分的躯壳的形式末节，及束缚个性的传统腐化部分。它并没有打倒孔孟的正精神、真意思、真

---

① 任继愈：《汉唐佛教思想论集》，人民出版社，1998，第239页。

学术，反而因其洗刷扫除的功夫，使得孔孟程朱的真面目更是显露出来。"[1] 在各种外源因子的搅动之下，往往能够带来社会深层的变动与革新。

因此，我们首先必须明确文化的互动与交流是文化自身发展的必然要求，异质文化因子之间的结合是全方位立体化的，这种相互之间的公度与通约，不仅体现在表层的艺术、技艺上，更体现在深层哲学层面观念与意识形态领域的对话，并且越是在文化的最深层与最核心，这种文化之间内在的一致性就越高，可通约的概率就越大，这就为作为外源文化的马克思主义和作为中国本土文化的中华传统文化在哲学上实现交互建构与融通提供了切实可靠的理论依据。多元文化的相结合是在浅表与深层同时进行、整体推进的。马克思主义哲学中国化的文化底蕴自然也包含表层和深层两方面，在这些文化资源中尤以深层的哲学层面的内容最为重要，以两种不同哲学思想间的融聚更为关键。另外，中华文化根深叶茂，是一个具有极强生命力与适应性的文化体系，在几千年文化的熏陶下，其内在的主导价值与核心观念早已深入每一个中华儿女的血液里、头脑中，是抹不掉的观念烙印、剪不断的精神纽带、打不垮的文明脊梁、拔不除的文化根脉。面对异质文化，中国传统文化以其百花齐放、百家争鸣的胸襟与气度，岿然不动、为我所用的文化韧性与张力，在互动中创新，在实践中发展。在哲学层面，通过将马克思主义哲学与中国传统哲学相互融通，产生了一系列中国化的理论成果。最后，面对西方资本主义所主导的全球一体化的影响，面对互联网时代西方价值观与意识

①　贺麟：《文化与人生》，商务印书馆，1988，第 5 页。

形态的强势入侵，我们要时刻保持警醒，在享受全球化带来的便利的同时，看清资本主义文明的极端伪善和野蛮本性，要始终坚持马克思主义哲学在意识形态领域的指导地位，坚守文化阵地，防止西方资本主义通过文化输出达到消解马克思主义、解构理想信念、实现和平演变的目的。全球化不是现代化，如果把资本主义在全球化扩张中所传播的一切文明都看作现代文明的话，不仅无法吃到"新的社会因素所结的果实"，反而会最终掉入资本主义的"文化陷阱"①。

要探究马克思主义哲学中国化的文化底蕴中异质文化间的互动，需要我们从"显"与"隐"两个层面来对文化整合的实现程度进行具体分析。其中，"隐"的层面处在文化的最深层与最核心，指的是在人类文明发展过程中形成的包含世界观、人生观、价值观在内的哲学体系，凝聚着整个人类对宇宙、人生、命运、意义的思考，闪耀着人性论的光芒。马克思主义哲学中国化从隐的层面来看，就是探讨如何在科学实践观的基础上将马克思主义哲学与中国传统哲学相结合，从而通过二者的交互建构创生出符合马克思主义哲学的本质属性、满足中国传统哲学的现代化需要、体现时代性和人民根本利益的新的理论。"显"的层面是在深层次的相互建构实现之后，由内而外展现出来的具有时代性、民族性、大众性的中国特色社会主义文化，是中国化的马克思主义哲学同马克思主义哲学化的中国传统哲学，是两种哲学在核心层互动交融基础上实现的视域融合，是在"公共商谈"与深层对话后达成的重叠共识。而要实现这种深层次的重叠共识，就需要

---

① 贺麟：《文化与人生》，商务印书馆，1996，第5页。

我们从现代性入手，以其为理论支点，分析共识实现的可能性与现实路径。从马克思主义哲学来看，它首先是一种现代性的哲学思想，不论是其产生的时代背景还是理论来源，都深深打上了西方现代性的烙印，而在现当代，无论是西方现代哲学抑或是后现代哲学，其本质上还是西方现代性的复归与重申，要发展马克思主义哲学离不开对西方现当代文化的创新性吸收与改造。在中国文化这边，中国传统哲学根植于中国传统社会的农业文化，在传统社会，中国传统哲学的心性修养学说、内圣外王的价值追求对于凝心聚力和维持社会的安定团结具有不容忽视的重要作用。而随着人类社会进入现当代，这种农业文明与现代理念之间不可避免地会存在分歧与矛盾，如何在马克思主义哲学中国化的过程中，抢占文化发展的战略高地，探究中国传统哲学与马克思主义哲学的内在统一性，找到二者相沟通的文化纽带，激活中国传统哲学内部的现代性因子，实现中国传统哲学的现代转型，这是我们当前的理论难题。另外，针对当今时代文化多元、价值多元的现状，我们要推进马克思主义哲学中国化，发展中国特色社会主义文化，首先必须坚持马克思主义哲学在社会诸方面及意识形态领域的指导地位，明确作为主流意识形态存在的马克思主义哲学其本质上只能是一元的，指导思想的分歧会带来社会的混乱、国家的分裂。我们在探讨马克思主义哲学中国化的文化底蕴问题时，必须明确马克思主义意识形态的一元性与文化多元化存在的正负效应及相应的对策。从正向效应来看，多元文化的互动与交流，对于我们融聚不同文化中的先进的现代性因素，在马克思主义哲学的科学指导下，建设中国特色的社会主义先进文化具有积极的作用，有助于捍卫与发展马克思主义哲学的指导地位，使马克思主义哲学能够与时俱进，体现时代性与先进性。从负向效应来看，多元文化良莠不齐，其中腐朽的、消极的思想会解构马克思主义哲学的核心价值，动摇马克思主义哲学的指导地位。西方资本主义打着全球一体化的旗号大肆宣扬工具主义、消费主义、拜金主义、普适价值等思想，对马克思主义哲学的主流价值具有极大的腐蚀作用。中国传统哲学中的封建残留作为根深蒂固的遗传基因与互联网上形形色色的反马与非马的思想一起对马克思主义哲学在意识形态的指导地位构成了极大的冲击，这种文化渗透与蚕食对马克思主义哲学中国化的理论发展构成了极大冲击与威胁。要实现马克思主义哲学中国化需要我们足够重视这些干扰因素，主动出击，拨乱反正，将错误的、腐朽的文化因子彻底清除出去，捍卫主流文化的文化阵地。

中国传统哲学作为马克思主义哲学中国化的文化底蕴，在助推马克思主义哲学中国化、时代化、大众化的过程中如何实现其在现代的创新转化，这也是当前哲学研究的理论难题，在学界也有许多不同的观点看法。有观点认为，中国以往的马克思主义哲学中国化只是在照搬苏联模式，这种苏联教科书式的解读是服务于极左政治的，在政治高压下人为地增加了一些非法建筑，使得马克思的最初文本被增改得面目全非，这就需要我们从最初的手稿原本去重新认识马克思与马克思主义哲学，通过回到马克思来解蔽其被误读和忽视的具有时代性、科学性的理论内容，实现马克思主义哲学的现代化。有观点认为，马克思主义哲学从其理论来源与产生背景来看都和西方文化系统紧密相连。以往在推进发展马克思主义哲学的过程中，忽视了其与西方哲学体系的隶属关系，其所谓的马克思主义哲学中国化本就是南辕北辙。离开了西方哲学母体的马克思主义哲学就像离开了大地之母的英雄安泰，失去了理论发展的源泉与动力。而要使马克思主义哲学重新焕发出生机与活力，重获其解释与改造现实的力量，只能通过西学化回到它的来处，从西方现代哲学与后现代哲学中吸取养分。有观点认为，马克思主义哲学要解释中国的问题，改造中国的现实，就必须与中国文化特别是中国传统哲学嫁接在一起，如此生长出来的理论才能具有中国的文化基因，才能讲得出中国话。而以往的研究只是在用马克思主义哲学单方面地改造中国传统哲学，通过把西方的范畴、概念、论域等与中国传统哲学简单比附，头上加头，把中国传统哲学强行套在西方的框框里。结果自然是使中国传统哲学失去了其独有的文化标识，成为不伦不类的复制品，而马克思主义哲学也因水土不服，逐渐教条化、本本化。要避免这种状况，则需要重新确定中国传统哲学的理论地位，通过哲学研究的儒学化来实现理论的发展。有观点认为，理论是来源于生活的，同样也应服务于生活。真正现实的科学的理论应该立足于现代人的生活实践，为人们安身立命寻找价值依归与方法指导，而不是作为政治理论或意识形态存在的宏大叙事，所以，马克思主义哲学只有生活化才能实现理论的真正价值。这些观点都有其可取之处，但大都偏离了马克思主义哲学中国化研究的正确轨道，这样的理论只能是昙花一现，虽然灿烂但不持久。马克思主义哲学自传入中国时起到现在，之所以能够长盛不衰，永葆生机与活力，根本原因就在于它始终与中国革命和建设的实际相结合，与中国传统文化相结合，始终在实践中不断与时俱进，丰富和完善自己。所以，只有与中国的社会主义建设实践相结合，与中国哲学相结合，不断解决发展过程中的新课题，创新理论发展模式，建构马克思主义哲学中国化的新的理论形态，才能推动理论的发展，实现社会的进步。

三、后现代文化对文化底蕴的补充与发展

当前在马克思主义哲学中国化的文化底蕴问题探讨中，越来越多的学者开始把其放入后现代视域中去考量，通过引入后现代哲学的观念、理论来发掘马克思主义哲学与中国传统哲学中具有后现代性的文化元素，来增加马克思主义哲学疗治现代性痼疾的理论效力。首先，马克思主义哲学从其本质与理论根源上来看，是西方世界尤其是现代社会历史文化发展智慧的结晶，又与当代中国社会主义实践与文化发展的现代化方向不谋而合，所以，马克思主义哲学中国化、时代化、大众化是符合学科本身与社会发展的双重需要的。在马克思主义哲学科学实践观的基础上，深入发掘其哲学中蕴藏的现代性理念，以促进中国传统哲学在现代的创造性转化，是当代哲学界的重要课题。其次，西方高扬现代理性的同时，现代性的弊端也日益显露，其工具理性、科学至上等思想带来一些严重的社会问题。后现代哲学产生于现代性发展的后期，作为西方文化的自我纠偏，它反对西方文化霸权，对现代性的许多理念进行了解构，由于这种全面否定并非建立在科学的扬弃的基础上，逐渐演变成为"崩溃的逻辑"，这是西方文化的自弃、自虐，是西方思想界的一次"精神性大萧条"。最后，后现代哲学在反对现代性的同时，提出了一些疗治现代性痼疾的价值诉求，这些思想主张与中国传统哲学特别是儒家哲学"天人合一"的理念不谋而合，与马克思主义哲学对资本主义现代性痼疾

的批评也有内在的契合之处。马克思主义哲学虽然隶属于西方现代性文化系统，但在对资本主义的批判中早已预示了西方后现代哲学的某些特征，这是西方现代哲学走向后现代哲学之必经环节，不论在现代还是后现代，马克思主义哲学的理论意义与价值都是不可超越的。而中国传统哲学虽然隶属于传统的农业社会，但其中对人的价值与意义的思考、"天人合一"的理想追求等都具有超越其所属时代的永恒价值，并且与后现代哲学中拒斥工具理性、反对主客二分等思想内核也是遥相呼应的，它对于疗治现代性痼疾，重拾失落的意义与价值具有积极的作用。因此，由于后现代哲学与马克思主义哲学以及中国传统哲学之间存在实现会通的可能性，我们在推进马克思主义哲学中国化的过程中，不可避免地会与后现代哲学相遇，其所预示的现代性的未来发展方向及文化价值对马克思主义哲学的理论创新与发展具有积极的启发与推动作用，早已成为马克思主义哲学中国化的文化底蕴的重要组成部分。

第三节　马克思主义哲学中国化的路径与价值选择

一、马克思主义哲学中国化的路径选择

学界针对马克思主义哲学当代性问题存在着多元的研究维度，为了避免在解读与发展马克思主义哲学的过程中可能出现的理论的泛意识形态化、认同危机、丧失自我规定性及边缘化、虚

无化的风险，需要坚持马克思主义哲学中国化的民族性与时代性立场，将马克思主义哲学的革命性理论熔铸于中华民族共有精神家园的构建中，立足于中国社会现实与发展的需要，将马克思主义哲学革命性、批判性的本真精神从僵化、教条的书本逻辑中解放出来，从本质异化、体系破碎、意义空场、合法性丧失的危机中解救出来，拆除堆砌在理论之上的非法建筑，将理论的本真精神与民族精神以及时代精神相结合，重新焕发出其作为科学世界观、方法论的解释世界与改造世界的本质力量。

"中国化"为当今时代推动马克思主义哲学理论研究提供了独特的时代立场与现实的政治文化出口，是马克思主义哲学释放出重大政治文化效应和理论功能的根本途径。马克思主义能够被中国社会接受并不断中国化，原因就在于它满足了不断发展着的中国社会实践的需要。在当代中国社会，我们面临着发展中国特色社会主义事业与实现中华民族伟大复兴的历史使命，中国化的马克思主义哲学以其坚定的中国化立场、敏锐的时代眼光、鲜明的民族特色、鲜活的实践精神，为这一历史使命的完成提供了理论指导与精神支撑。只有坚持马克思主义哲学研究的中国方向和与时俱进的时代立场，才能使理论从教条主义、相对主义、无结构主义的困局中走出来，坚定政治方向，体现时代之声，掌握文化规律，实现民族理性自觉。在坚持马克思主义哲学在意识形态领域的指导地位的同时，将其批判性、革命性的本质精神与科学性、时代性的普遍原理和方法论熔铸于中华民族共有精神家园的构建中，在与中国传统文化特别是中国传统哲学的结合中，实现理论以及中华民族理性自觉的成熟与完善，强化其作为民族精神之魂与时代文明精华的创造力、凝聚力和感召力。

随着马克思主义哲学中国化研究的不断推进，学界对马克思主义哲学中国化的研究路径也产生了许多观点与思路。有学者认为，马克思主义哲学中国化应该着力于找到马克思主义哲学与中国传统哲学实现融通的理论契合点和逻辑相关性，从哲学世界观、人生观、价值观以及方法论等方面探讨马克思主义哲学的本质精神与中国传统哲学的民族特性以及时代发展的内在通约性。有学者认为，马克思主义哲学革命性、批判性的本质精神主要体现在其辩证唯物主义理论中，作为其理论体系的精髓，其与中国传统哲学的朴素唯物主义及朴素辩证法思想具有内在的共通之处。这构成了马克思主义哲学与中国传统哲学内在融通的文化根基和精神桥梁，正是以此为中介，马克思主义哲学的民族形式与内涵才得以不断生成与完善，马克思主义哲学的中国化才具有了中国作风与中国气派。马克思主义哲学中国化包含两个层面，表层的中国化是将马克思主义哲学的经典文本和中国革命与社会主义建设的实践相结合而实现的中国化；而深层的中国化则是将马克思主义哲学的本质精神与中国传统哲学的时代性、革命性的文化精神相结合，在实现中国传统哲学现代创新转化与重塑中华民族精神的文化实践中实现中国化。有学者认为，马克思主义哲学的辩证唯物主义从文化根源来说，其与西方哲学的渊源要深于中国传统哲学，且其与西方哲学的共通之处要多于中国传统哲学，所以不能把辩证唯物主义作为二者相结合的理论基础。而唯物史观作为马克思主义哲学的独创，作为马克思主义哲学世界观的核心内容，其与中国传统哲学的精神内涵的内在一致性是二者能够实现契合的文化基础，是马克思主义能够中国化并不断创新发展的关键。这几种观点之争不过是马克思主义哲学的体系之争在中国化问题研究上的简单复制而已，这种争论是毫无意义的。马克思主义哲学的理论发展史证明，其辩证唯物主义与历史唯物主义是科学的、完整的体系。马克思主义哲学的两大组成部分作为一整个版块，其中国化与中华民族精神的创新转化是同步完成的。

针对学界在马克思主义哲学研究中所采取的"回到马克思"的研究路径，其有效性与科学性需要从理论与实践的两个角度来进行考证。目前讨论的焦点集中于此种路径选择到底能否实现马克思主义哲学科学性、革命性的本质精神与中华民族精神内核的内在契合，以及在重塑中华民族的精神的同时能否使存在于经典原著当中的马克思主义哲学的科学内涵与本质精神重获新生。需要肯定的是，这种文献学研究方面的努力在发展马克思主义哲学上具有十分重要的作用。但同样需要明确的是，这种研究方式并不是唯一有效的。马克思主义哲学的本质精神是内在的科学性、革命性、批判性、反思性与外在的时代性、民族性的统一。从马克思主义哲学的辩证本质及其发展规律来看，其作为时代精神的精华与民族精神的灵魂，相对于中国传统哲学而言，并不是附加的、外在的精神元素，而是内化于民族精神中自我生成与发展的"汉化物"。马克思主义哲学的本真精神不只存在于文本当中，更体现在文本之外的时代发展与民族精神的塑造中，其时代性、民族性的本真精神决定了它不会囿于特定的历史文化情境里，而是活跃在社会历史文化发展的大视域中的与时俱进的活的精神。现如今，马克思主义哲学的本真精神在构建中华民族共有精神家园的过程中是不容忽视的精神元素，而坚持马克思主义哲学在意识形态领域的指导地位也是当前我们进行精神创建的核心课题。

所以"回到马克思"并不是将理论局限于马克思生活的历史文化语境中，囿于马克思最初的理论体系、概念范畴，让生动的现实生活去适应冰冷僵化的理论教条，这无异于削足适履。"回到马克思"的宗旨并不是对马克思主义哲学的经典文本进行训诂式的文献研究，寻找马克思文本中对于实践及民族精神塑造的创造性意义与指导作用才是其根本价值旨归。因此，不论是"走进马克思"还是"走近马克思"，我们都不是单纯地回到那个特定历史时期的特定理论视域，而是要通过不断地回到文本去阐发与延伸文本的现代价值与意义，通过把我们对现时代的理论难题与现实困境的理性思考带回到经典文本中，从而搭起一座穿越历史的桥梁，使马克思几百年前的文字在现时代真正活起来。正如邓小平同志所说的那样，"绝不能要求马克思为解决他去世之后上百年、几百年所产生的问题提供现成答案。……真正的马克思列宁主义者必须根据现在的情况，认识、继承和发展马克思列宁主义"[1]。如今，要推动马克思主义哲学中国化、时代化、大众化，就要求我们把马克思原本中的论述引入中国当代的社会实践中，引入民族精神的创建中，重新赋予理论时代价值与实践意义。

由此可见，马克思主义哲学只有与当代中国特色社会主义建设实践相结合，与重塑中华民族精神的文化相联系，才能重新激活蕴藏在经典文本中的本真精神，使理论在新时代重现昔日的光芒。但这并不是让我们把民族精神文化强行拉入马克思主义哲学文本中，置其于先验的、僵化的解读系统中，或囿其于单子似

---

① 《邓小平文选》第3卷，人民出版社，1993，第291页。

的、封闭的文本范畴。马克思主义哲学在与中国当代社会实践和精神创建相结合的过程中，只有按照中华民族精神的当代发展要求与规律不断进行自我革新与内在超越，才能在深度中国化的过程中获得现代表述，使自身体现出中国人民喜闻乐见的形式，更加具有中国作风与中国气派，在中华民族精神的重塑中不断与时俱进，开拓新领域、发展新观念、创造新成果、进入新境界，在自我发展与完善的过程中成为中华民族精神的鲜活话语与时代精神的精华。同时，作为理论的解读者与发展者，如何通过我们的现代阐释使理论重现往日的辉煌，这就需要我们从现时代的精神诉求与实践要求出发，用辩证的、历史的、发展的视角对马克思主义文本进行现代诠释，使文本中的精神元素在中国社会主义建设实践及中华民族精神的当代建构中重新焕发生机与活力，在中国人民现实的生活实践中重新激活其理论创新创造的能力，使马克思主义哲学真正成为活在中国社会与生活实践以及民族精神创建中的鲜活话语。

当今时代正处于全球化的过程中，由西方资本主义世界所主导的全球化来势汹汹，已经演变为势不可挡的发展态势。全球化在席卷经济、政治领域的同时，也在影响着社会文化领域。面对全球化视域下思想文化多元化的现实，马克思主义哲学又将如何在多元思想的冲击与碰撞中，在西方意识形态的渗透与侵蚀下，保持自身的独立性与本真精神，捍卫中华民族的精神信仰与价值旨归，这是理论发展在当今时代面临的又一个重大课题。随着全球化在政治、经济、文化领域的飞速发展，我们面临着前所未有的问题与压力，马克思主义经典文本与当代世界之间的时空差距正在快速地拉大，我们深刻地感受到存在于经典文本中早已尘埃落定的马克思主义与最终将推动全人类的自由解放的马克思主义之间隔着几个世纪的实践的距离。由于我们早已先在性地将自己置身于马克思主义哲学事先搭建好的理论框架中，受体系的限制，很难有突破性的纯粹的思考。马克思身后的时代发展早已超出了马克思当初的理论设想与估计，随着中国特色社会主义建设的发展与改革进入深水区，社会深层次矛盾与问题的大量涌现，马克思主义哲学的科学性也受到了不少质疑与责难。这就要求我们从教条主义的僵化的观念方法体系中解放出来，在坚持马克思主义的本真精神的基础上使之与当前中国特色社会主义的建设相结合，与实践要求和时代发展相结合，与中华民族的精神创建相结合，既赋予中华民族精神马克思主义的灵魂，又使马克思主义的本质精神获得民族性的当代表述，既凸显中国特色社会主义建设的当代意义，又避免沾染中国传统文化的消极因素。一言以蔽之，就是要摆脱一切僵化的体系与先在的桎梏，创建中华民族自己的哲学理论。而这一问题的关键在于从本源意义上重新探讨哲学的真义。

哲学作为世界观、价值观、人生观与方法论的体系，体现了人们对宇宙人生，对生命意义与价值的不懈探索与追求，是以自我意识的不断觉醒与成熟、自身价值的不断实现以及人生境界的不断提升为宗旨的思想理论。因此，哲学作为民族文化的精髓，代表了民族精神发展与完善的程度。所以，创建中华民族自己的哲学体系从本质上就是在塑造中华民族的精神。这是哲学民族性的本质要求，也是中华民族对自己的生存境遇、理想诉求与未来发展的理性思考与探索。当然，要创建当代中华民族自己的哲学理论并不排斥马克思主义哲学中国化，二者是一体两面、同步进行的。我们要重塑中华民族的精神并非要走文化复古主义的道路，并不是要拒斥一切现代性，从狭隘的民族视域出发去"汉学化"现当代的一切实践与理论，甚至是马克思主义哲学。正相反，中华民族精神的现代塑造本质上是在马克思主义哲学理论的指导下，在中国的实践过程中抛弃对马克思主义哲学的教条化、片面性的错误解读，加强对马克思主义哲学中国化的民族认同、实践认同与文化认同，使中国化的马克思主义哲学真正成为中华民族精神的核心与支柱。加强民族思想认同与理论自觉，使马克思主义哲学科学性、革命性的本质精神能够真正贯注于中国特色社会主义建设实践与中华民族精神的塑造中，使中国化的马克思主义哲学成为中华民族创造力与凝聚力的理论来源，成为中国人民的集体信仰与精神支柱。

二、马克思主义哲学中国化的价值选择

在马克思主义哲学传播到中国社会的初期，中国思想文化体系中的许多现代性文化元素都是从外来文化中简单嫁接过来的。这些来自中国传统文化之外的文化因子在生成与培育中国现代性文化理论的过程中起到了积极的作用。这些外源性的文化元素先是由中西会通的文化大师们宣介与推广，后来的革命理论家们又对马克思主义哲学进行了实践解读，在对西方资本主义国家的现代性文化构想与发展方式进行中国式的科学评价的前提下，回到中华民族的精神文化语境中，对马克思主义哲学能否及如何实现中国化的问题进行了深刻研讨，其中包括马克思主义哲学在中国化过程中的文化转型与价值定位等问题。这些努力可以看作中国

社会文化转型的先声。这场思想文化领域的大变革将中国社会的文化转型与马克思主义哲学中国化的价值定位联系了起来，使二者成为相辅相成的有机整体。马克思主义哲学中国化的深入推进与发展离不开中国社会的文化转型，而马克思主义哲学中国化的价值定位也反过来促成了中国社会文化转型新局面的形成。马克思主义哲学中国化作为以重塑中华民族精神为目的，将西方现代性文化因子注入中华民族思想文化深处的文化转型的积极尝试，是实现中国传统社会向现代社会转向及建构当代中国现代性的具有里程碑意义的文化事件。这种文化转型的积极探索最终超越了其原初的政治维度与革命实践导向，通过从民族文化与大众文化的立场对马克思主义哲学中国化的文化底蕴问题进行反思与批判，显示出了中国思想文化从传统向现代转型的文化维度与现代性建设导向。这为当代中华民族精神的积极塑造，为马克思主义哲学中国化寻求最广泛的文化认同起到了积极的指导作用。中国当代社会的文化转型作为当代中国现代性建设的文化资源与思想动力，既离不开马克思主义哲学在中国的宣介与传播，也离不开中国的文化大师们对西方资本主义现代性文化理念的中国式解读。这种中国式的解读不仅仅包括以宣介为目的的简单照搬，更多的是在比较文化的理论平台上，在视域融合的背景下，基于中国传统哲学对马克思主义哲学进行的当代解读以及基于马克思主义哲学对中国传统哲学进行的创新转化。

　　由此不难看出，把握马克思主义哲学中国化在当今中国社会文化转型语境中的文化定位与价值选择，具有十分重要的意义。针对这一问题学界也有许多不同的观点，但总体来看都是些比较偏狭的理解。例如，在中西文化的论争史上，有人因为看到了西方民主与科学的思想给社会带来的巨大变革力量，认为中国传统哲学根植于中国封建社会的封闭的、僵化的、失去生命力的旧文化，与中国社会的现代化发展方向是背道而驰的，只有"全盘西化"、"充分西化"和"根本西化"①，才能冲出旧文化的樊笼，找到中国现代化的发展出路。在对待马克思主义哲学的态度上，这些人主张马克思主义哲学是颠扑不破的永恒真理，主张一切行动都要遵照经典文本的原则、方法，反对理论创新，认为一切在实践发展的基础上对理论做出任何细微的变更与创新都只会在理论上堆砌各种非法建筑，在各种肆意的解读中面临失去自我的风险。其主张要捍卫马克思主义哲学的纯洁性，就必须摆脱中国传统哲学、其他外源文化因子以及中国社会主义建设实践活动对理论的干扰异化与污染破坏，从马克思主义哲学革命性、批判性的本真精神出发，反对任何导致理论异化与他者化的来自体系外部的文化元素影响。有观点认为，马克思主义哲学与中国传统哲学各自归属于不同的文化体系，而这两大体系之间根本没有任何相关性，所以马克思主义哲学中国化是违背文化演变规律的，本身就是一个不可能实现的不合法命题。这只能得出"化"不出的结论，只有放弃对马克思主义哲学进行任何中国式解读的努力，才能保持理论的现代性。

西化派因为片面强调外源文化因子的作用，自然无法得出正确的结论。与之相对应，也有片面强调内源文化因子作用的文化复古主义和保守主义。这种观点认为，西方资本主义文化中所宣传的民主、科学等现代性理念都是舍本逐末的器学，其对工具理

①　郭建宁、张文儒：《中国现代哲学》，北京大学出版社，2001，第13页。

性的过度推崇，只会导致价值理性的缺失，久而久之便会产生人心失守、道德滑坡等一系列现代性问题。而中国传统哲学作为以心性修养为主的固本之学，具有一种以天下为己任的担当意识以及内圣外王的价值情怀，在传统的以亲情血缘为纽带的伦理社会，更强调道德人心秩序的建构，强调人与人之间最淳朴的亲亲关系，这些作为中华民族的核心价值与精神信仰，对于建设和谐社会乃至和谐世界、疗治现代性痼疾具有积极的意义。文化保守主义主张捍卫中国传统哲学的原初价值与文化精神，在此基础上再与外源文化因子进行简单的调和与折中。在对待马克思主义哲学的态度上，其认为马克思主义哲学作为根植于西方文化传统的外来文化，与西方文化一样是一种"循理而顺事""格物致知""即物穷理"的认识手段与实践工具，是求诸外的器学，可作用于外而不可作用于内，可作用于物而不可作用于人。这与中国人性修养的道问学在本质上是不同的。所以，马克思主义哲学在中国根本不存在"化"的文化土壤与民族认同。中国传统哲学的价值理性与马克思主义哲学所承继的西方工具理性是相悖的。如果硬要把马克思主义哲学与中国传统哲学凑在一起，只会出现二者势不两立的局面，最终强势的马克思主义哲学会彻底取代弱势的中国传统哲学，中国传统文化被连根拔起，荡然无存，中华民族失去了精神家园，丧失了身份认同，学脉断裂，价值崩塌，世风日下，人心不古，社会陷入一片混乱。所以，当务之急是重返中国传统文化的本根，用儒家心性修养的内在超越性去拒斥沾染了西方工具理性与外在超越特性的马克思主义哲学，通过返本开新、内圣外王的发展策略来解决当前中国社会发展所面临的现代化困境，完成重塑民族精神和实现儒学复兴的时代课题。

　　不论是重视外源文化因子的西化派还是重视内部文化因子的国故派，二者都是失之偏颇的。西化派从"西方文化中心主义"的立场出发，强调马克思主义哲学的"西源性"，而国故派则坚持"国粹主义"的立场，强调马克思主义哲学的"中源说"，二者在对待中西方文化的态度上，都只看到了对立看不到统一，坚持对立的观点，反对中西会通、"体用一如"思想。与上述两种观点的片面性主张不同，融通派看到了内源与外源文化因子之间的相互融通在文化发展中的重要作用，提出了在对中西方哲学进行扬弃基础上的综合创新理论。融通派认为中华民族文化要发展就必须坚持开放包容的文化发展方向，坚持民族化、时代化、大众化的文化发展道路，在对中国传统文化批判地继承的基础上，广泛吸纳来自西方的先进文化理念。这些来自西方的文化元素经过中国传统文化系统的分解，精华被同化吸收，糟粕被抛弃。那种不加批判、生吞活剥地全盘西化的态度是不可取的，而国故派全面复兴儒学的闭关自守的态度也是不可取的。对待中国传统哲学，我们同样也要坚持取其精华、去其糟粕的科学的扬弃的态度，在批判的基础上继承与发展。

　　融通派的主张具有十分重要的价值与意义。首先，从中国传统哲学的价值体系与观念系统出发，对马克思主义哲学及其中国化进行了符合中国文化发展需求的当代诠释，使马克思主义哲学中国化具有了不同于西方文化中心主义及文化复古主义的新的文化发展路径，体现出有别于西方文化传统的东方文化特质；其次，中国传统哲学通过与马克思主义哲学科学性、革命性、批判性的本真精神的内在融合，对自身腐朽的形式与内容进行了科学的扬弃，从而在当代获得了创新转化、重获生机的理论发展契机，使得马克思主义哲学中国化与中国传统哲学的现代创新转化实现了统一。在这种相互对话与融通中，中国传统哲学与马克思主义哲学都各自获得了来自对方文化系统的解读，通过这种相互的诠释与补充，二者都发生着符合中华民族根本利益的演变。这充分说明，中国传统哲学并不是与现代性绝缘的，现代性在当代中华民族文化体系中有着其独特的民族性与时代性的呈现方式。它在当代中华民族文化体系中的生成与发展是在会通中西马的文化大视域中通过理论的综合创新实现的。其与马克思主义哲学中国化在价值选择上的内在一致性，规定了马克思主义哲学中国化的逻辑基点、历史任务、价值定位与功能选择，也内在地规定了中国传统哲学现代化构建与转型的马克思主义立场与方向。①

　　综上所述，关于中国传统哲学在现当代的创新转化，以上三种不同的价值选择方案体现了其建构与反思的两面性。这种针对中西文化系统的反思以及对马克思主义哲学中国化的理论建构体现在当代中华民族精神重塑的整个过程中。西化派从西方文化中心主义出发，站在"以西解马"的立场上，强调马克思主义哲学的西方文化属性，二者是势不两立的，反对将其中国化，甚至主张用马克思主义哲学体系完全取代中国传统哲学；国故派从文化保守主义的立场出发，站在"以中解马"的立场上，认为中国传统哲学要获得现代形态，实现转型发展，不能依靠照搬复制西方文化的方法，主张通过全面复兴儒学来拒斥西方文化，在对待马克思主义哲学的态度上，认为马克思主义哲学在中国是化不出

---

① 赵剑英、庞元正：《马克思哲学与中国现代性建构》，社会科学文献出版社，2006，第363页。

的；融通派则主张用发展的眼光来看待马克思主义哲学中国化，对传统元素与现代性元素采取一分为二的科学分析的态度，既反对传统的腐朽、消极与保守，又坚持积极的吸收、改造与创新；既接纳与吸收现代性元素，又坚持对中国传统文化元素的现代性建构。

在中国传统哲学的现代诠释及中华民族精神的重塑中，找到马克思主义哲学与中国传统哲学相契合的文化根基，为马克思主义哲学的中国化找到更合适的文化土壤与路径。但传统的综合创新理论只是对西化派和国故派的简单折中，并不具有实践层面上的可行性。具体到现实的文化发展过程中，会通不同的哲学体系并没有那么容易。传统的综合创新说将中西马哲学置于对立统一的价值体系与思想框架中，从而避免了在马克思主义哲学中国化的价值选择上的单向性与片面性，但哲学体系之间的纵横交织的复杂关系使得马克思主义哲学中国化成为模糊的意义复合体。这种模糊复杂的文化语境与公共思想平台使得非马甚至反马的观点理论同样可以乘虚而入、混淆视听。所以综合创新说如果脱离了特定的社会文化实践及话语系统，其对于中国传统哲学的现代转化和马克思主义哲学中国化而言都是华而不实的空头支票。

针对综合创新说的结合方案，有观点认为，我们在进行综合创新的过程中，对马克思主义哲学中国化的主体，即中国传统哲学的内涵、理路、作用等缺乏科学的理解，对马克思主义哲学中国化的客体即马克思主义哲学的特性、内涵等也了解不够。同时，对主体客观化与客体主观化的相互融通机制与过程更是存在简单化的处理倾向。这种简单折中的所谓融通，只会造成我们对马克思主义哲学中国化内涵、作用及功能的误解，模糊其所主导的中国社会文化转型的实质，危害马克思主义哲学中国化的发展；有观点认为，学界所定义的通过马克思主义哲学在中国革命与建设实践中的具体运用而使之具有中国作风与中国气派的马克思主义哲学中国化，在理论与实践上都是无法成立的。原因是，对于马克思主义哲学本身而言，其丰富的思想内容还没有一个完整的系统性阐述，我们能够运用的部分只是马克思主义哲学中通过价值选择选出的很小一部分。况且，运用并不等于"化"，运用只是从实用的角度用理论来解决现实实践中的问题，而"化"则是发生在文化深层的质的变化，中国的马克思主义哲学除存有一些外在精神上的特点外，与传到中国来之前的马克思主义哲学已经完全不同了。所以，马克思主义哲学中国化是无法成立的。有观点认为，马克思恩格斯在创立自己的理论之初就是为指导革命实践的，所以与革命实践活动关系不大的研究成果，在最初就已经从理论体系中被剔除掉了。马克思主义哲学革命性、批判性的本真精神，实践性、时代性的现实指向决定了马克思主义哲学中国化的价值选择过程。因此，之前马克思主义哲学在中国的每一次"化"都是面向社会革命实践需要的实用性的价值选择过程。这种具有革命性内容的马克思主义哲学显然很难肩负当前社会主义建设时期价值重建的任务。有观点认为，马克思主义哲学最初传入中国是在十月革命之后，这决定了我们所接触的马克思主义哲学来自苏联教科书而非来自经典理论文本，其中的范畴体系都是不系统、不全面的，并且存在着对阶级斗争形式的肆意夸大与对主观能动性的过分强调，以及一分为二的僵化的认知模式、颠覆性和破坏性的革命性传统等。马克思恩格斯最初创立的那个兼具整体性及建设性的哲学体系的马克思主义哲学早已被解读得面目全非。在没有弄通、捋顺经典文本，重现马克思主义哲学的本来面目之前，所有对马克思主义哲学的中国"化"所做的努力都是根基不牢的。在文本缺席、价值错位、本末倒置、急功近利的情况下，这样的中国"化"只能陷入非马克思主义、反马克思主义的泥潭中无法自拔，很难保证其继承与发展的是经典文本中的真正的马克思主义哲学的先进性、革命性的本真精神，很难保证这样的"化"能创生出马克思主义哲学中国化的最新理论成果。

当前社会主义新文化的创造需要我们立足时代精神，建设"以马克思主义为指导，以中国传统文化为根，以人类优秀文化为营养的社会主义先进文化"①。针对当代中国社会文化转型背景下马克思主义哲学中国化的价值选择问题，最可行的举措便是在马克思主义哲学中国化中推进当代文化转型，在中国特色社会主义建设实践中实现对马克思主义哲学的创新与发展。针对学界的质疑之声，我们需要首先明确，那个只存在于经典文本、书斋讲堂中的抽象的马克思主义哲学是不存在的，存在的只有与中国社会具体的革命建设实践相结合，经过中华文化与实践的价值选择而被认同与接纳的具体的、民族的、具有中国作风与中国气派的马克思主义哲学。马克思主义哲学作为时代精神的精华和真正的革命性、批判性的理论，其中国化就是将其本真精神内涵与科学的方法论原则和中国具体的、现实的实践相结合的视域融合的过程。这是马克思主义哲学理论发展内在规律的必然要求，也是中国实践的现实需要。

马克思主义哲学中国化首先意味着理论性的、作为普遍原则

---

① 陈先达：《马克思主义中国化进程中的时代课题——论马克思主义与中国传统文化》，《人民日报》2010 年 12 月 27 日第 11 版。

的马克思主义哲学，其本真精神与思想精髓在与中国社会具体的革命与建设的实践相结合的过程中具体化、时代化、实践化，意味着将中国社会革命和建设中的经验总结概括到马克思主义哲学普遍原理的高度，不断丰富与发展马克思主义哲学。同时还意味着将马克思主义哲学与中国传统哲学相结合，使马克思主义哲学具有民族化的表现形式与精神内涵，也使中国传统哲学实现现时代的创新转化。另外，马克思主义哲学中国化的持续推进与深入发展是中国视野与世界视野的统一。只有在推动马克思主义哲学中国化、时代化、大众化的过程中才能不断将其推向世界。当前，马克思主义哲学已成为中国社会的主流意识形态，成为中华民族思想文化的精髓，在中国特色社会主义核心价值体系的建构中处于主导地位。毛泽东思想、邓小平理论、"三个代表"重要思想、科学发展观、习近平新时代中国特色社会主义思想等，这一系列的中国化的理论成果丰富与发展了马克思主义哲学的理论体系，实现了当代马克思主义哲学中国化的理论建构与体系扩展，也从理论与实践上充分证明了，马克思主义哲学中国化是行得通的，坚持与发展马克思主义哲学中国化的理论成果就是在坚持与发展马克思主义哲学，二者是内在统一的。

第四章　马克思主义哲学与中国传统哲学相结合的机制、过程与方法

　　马克思主义哲学传入中国并不断中国化的过程，是其与时代发展以及中国实际特别是中国革命与建设实际相结合的过程，是其本质精神与中国传统哲学的精神相结合的过程，这种来自西方的哲学思想已经成功地经受住了时代与实践的考验，结出了丰硕的果实。作为中国实际的重要组成部分，中华传统文化特别是其中的核心内容即中国传统哲学，如何在与马克思主义哲学的交融与互动中实现当代的创新转化，是当前马克思主义哲学中国化、民族化、大众化深入发展过程中亟须解决的问题。这两种来自不同文化背景的哲学在内涵上存在着许多相通之处，这为二者的结合奠定了思想基础：马克思主义哲学的求真务实与中国传统哲学的经世致用，马克思主义哲学的辩证法与中国传统哲学特别是道家哲学的辩证思维，马克思主义哲学的理论与实践相统一与中国传统哲学的知行合一的思想，马克思主义哲学的群众史观与中国

传统哲学的民本思想，马克思主义哲学的共产主义理想与中国传统哲学的大同思想、协和万邦等。但是，要更好地实现马克思主义哲学中国化的过程与中国传统哲学创新转化的过程的合理对接，还需要我们从学理与实践层面深入探讨二者实现融通的机制、过程与方法。

第一节　马克思主义哲学与中国传统哲学相结合的机制

马克思主义哲学与中国传统哲学相结合的过程体现了中西方两种文化及哲学体系之间的相互交流与建构，是在不断解答中国社会乃至世界发展中的一系列实践问题与理论问题的过程中实现的。可以说马克思主义哲学中国化的过程就是中国传统哲学不断向现代创新转换的过程。二者的结合并不仅仅是用中国传统哲学的话语系统去阐述马克思主义哲学的基本原理与方法的文本意义上的结合，要使马克思主义哲学中国化的过程中真正体现出中国作风与中国气派，并不仅仅是让其说中国话的问题，而是要在真正把握中国传统哲学的本质与内涵、精神与精髓、价值与诉求的基础上，实现两种文化体系的相互接纳、不同文化因子的相互整合，使马克思主义哲学真正在中华民族的文化土壤扎根，成长为中国化的马克思主义哲学，使中国传统哲学重新具有时代性、世界性的发展前景与广阔的理论视野。

如何实现马克思主义哲学与中国传统哲学相结合？关于二者相结合的理论机制，学界也有许多不同的观点主张。有观点认为，应该从现代系统论出发去探讨二者相结合的内在实现机制。从词源学上来看，机制最初在古希腊指的是物理学中的机械运动，而发展到现代系统论中，机制泛指在自然、人类社会、文化系统中各组成要素之间的相互影响、相互制约、相互作用的关系，以及在特定的时空条件下对作用对象的影响与功能。具体到马克思主义哲学与中国传统哲学，二者的相互结合不应当是单一性、平面性的思想元素的结合，作为以中西方两大文化系统为思想理论根源的哲学体系，我们应当坚持从系统的观点出发，把二者的结合看作全方位、立体化、系统性的结合过程。这是两大功能性的哲学系统之间以及内部诸多思想元素之间相互作用、相互制约、相互转化的复杂过程，系统是具有结构性、开放性、整体性、动态发展的特点的有机整体。

首先，作为结构性的有机整体，马克思主义哲学与中国传统哲学的结合需要兼顾各自哲学体系的范畴体系与理论架构，同时也要注意系统中元素的排列结构对系统功能可能产生的积极或消极的影响、优化或劣化的趋势，注重两大哲学体系的相互建构中诸多文化元素之间的内在关系与逻辑体系。其次，作为开放性的有机整体，马克思主义哲学与中国传统哲学的结合需要保持开放的理论视野与共享包容的发展态度，反对各自为战的门户之见，站在相互交流与接纳的立场上实现各自理论的充实与发展完善。再次，作为有机整体，马克思主义哲学与中国传统哲学的结合，需要看到系统整体的功能并不是各个部分或要素功能的简单相加，当各个要素以合理的、优化的方式构成整体时，整体便具有了各部分相加都无法超越的优越性。因此，要反对那种简单的概念堆砌、思想复制，而是在综合分析整体功能与各要素性质的前提下，实现优化组合。最后，作为动态发展的有机整体，在马克思主义哲学与中国传统哲学的结合过程中，我们需要用发展的、时代的眼光来看待中国乃至世界社会历史文化的变迁可能给哲学发展所带来的一系列深层次的影响与变革，同时坚持问题导向、时代导向，及时对当今时代与中国社会发展的课题做出回应，在解决实践课题的过程中，实现民族性与世界性的深度融合。

有观点认为，从行为发生学的理论出发来探讨与分析马克思主义哲学与中国传统哲学的结合过程。要实现两大哲学体系的深度融合，其实践与理论主体都是人，归根到底还是人的心理的产生、发展过程。行为发生学认为，大脑是人的心理产生的物质与生理基础，心理活动就是外部信息输入大脑后，经过大脑的分析、判断、执行，最后以心理的形式输出大脑功能运转的过程与结构。心理输入系统，心理分析、判断、执行系统与心理输出系统就形成了人的心理思维产生的完整过程与结构。这要求我们在实现马克思主义哲学与中国传统哲学相结合的过程中，要坚持在马克思主义哲学的革命性、批判性的本真精神的指导下，对中国传统哲学的概念范畴、理论体系进行辩证的扬弃，取其精华、去其糟粕，防止封建残渣余孽在融通过程中死灰复燃、借尸还魂。这需要在心理输入的基础阶段进行严格把关。要坚持对两大哲学体系、多元思想元素的优化整合，通过细致地综合、分析与判断，找到二者的契合点与通约性，在相互建构中实现体系的优化、理论观点的创新发展。这需要在心理执行阶段进行精细操作。要坚持将马克思主义哲学与中国传统哲学相结合产生的理论成果积极地应用到当前中国社会主义建设实践与中华民族精神的重塑过程中，应用到解决世界发展过程中产生的时代课题的解答上，从而在物质实践与精神实践层面检验与发展理论，实现二者的真正融合。

有观点认为，要从解释学的理论出发，在古今中西文化发展的大视域中，探讨马克思主义哲学与中国传统哲学相结合的问题。以伽达默尔为代表的现代哲学解释学理论认为，马克思主义哲学中国化的过程，本质上就是马克思主义哲学与中国传统哲学、中国社会物质与精神实践的视域融合的过程，是中国的理论解释者从中国社会实践与文化理论发展的时代课题出发，在对马克思主义哲学的基本原理、观点、态度与方法的中国化应用中，将古今的历史视域与中西文化的世界视角相结合，实现马克思主义哲学的中国化、时代化、大众化的发展，以及中国传统哲学的现代创新转化。中国传统哲学作为中华民族文化的核心与精髓，其中的世界观、价值观、人生观以及心性修养方法作为中华民族智慧的结晶，内在地构成了中国人的精神特质与观念态度。任何学说都必须从已有的思想材料出发，这些材料是人们从以往各代人的思维中形成的，这些构成了中国解释者在理解马克思主义哲学时的前见。这种前理解是理解与阐释开始的前提与基础，马克思主义哲学中国化的过程就是其与中国传统视域相融合的不断发展着的交互解释过程。由此可见，马克思主义哲学与中国传统哲学的结合发展是一个多元机制共同参与并共同起作用的复杂过程。

第二节　马克思主义哲学与中国传统哲学
相结合的过程

虽然马克思主义哲学作为具有普遍性、科学性的世界观和方法论，作为对人类社会历史发展的普遍本质和一般规律的科学概括与总结，是民族性和世界性的统一，对于中华民族的社会历史文化具有普遍指导意义与适用价值。但是，其作为根源于西方的哲学体系，与东方文化之间必然存在着众多差异，从其理论外部的语言直至理论内部的精神气质，都与中华文化尤其中国传统哲学存在着很大的异质性。可见，作为异质文化的马克思主义哲学要真正实现中国化，实现与中国传统哲学的结合，除要有科学合理的结合机制外，还要经历一系列中国本土化的复杂的消化、吸收及转化过程。中国传统哲学是如何在众多异质性文化中选择了马克思主义哲学作为其发展的文化滋养？又是如何在机体内部进行了一系列比同化与异化复杂得多的功能性运作，从而实现了文化能量的消化、吸收与转化？作为异质文化的二者之间产生了什么样的化学反应？这些都是需要深入探讨的问题。马克思主义哲学与中国传统哲学融通发展的机制大概包括文本的互动与生成、多元思想的碰撞与交融、视域融合与综合创新四个阶段的文化消化与吸收过程。当然，这四个阶段在实际的结合过程中并不必然地体现为这样或那样的固定的历史或逻辑的顺序性，在现实的情况下，它们是持续反复地交互进行的。[①]

一、文本的互动与生成

马克思主义哲学与中国传统哲学相结合首先是文本的互动与生成的过程。作为人类交往与沟通工具的语言文字，从其产生之

---

① 杨谦：《马克思主义哲学的中国化与中国哲学的现代追寻》，《天津社会科学》2008 年第 4 期。

初就是与作为社会性存在物的人联系在一起的，是人的现实的社会存在属性在意识形态领域的体现。对于根植于西方与东方两种不同民族与地域的异质文化体系的马克思主义哲学与中国传统哲学而言，二者的交融首先是从语言文字开始的。具体到马克思主义哲学中国化，就是要将马克思主义哲学跨地域、跨民族的理论语言转化为中国人看得懂、能理解的语言文字与理论体系。这便是文本的互动与生成。当然，这一过程并不是一次性完成的，这是两种文化之间相互理解与接纳的反复的交流过程。这种文本的互动与生成的过程并不是一个简单的语言文字的互译过程，而是要在比较文化的研究中，在深刻把握各自语言的文化内涵、历史传承、社会背景的前提下，为马克思主义哲学的理论语言找到一个最贴近文本原意的中国化的表达。文本的互动与生成的过程是两种文化与意识的互动过程，是德国人说中国话的过程，也是中华民族语言系统不断更新创造与转化发展的过程。

马克思主义哲学随着其中国化的不断深入推进与发展，对其文本的译介也有一个不断深入推进的过程：从有关人类社会发展规律、社会革命理论和社会主义、共产主义学说的历史唯物主义，到后来的辩证唯物主义，再到认识论，随着中国社会实践发展的现实需要的转化，体现出了从社会建设层面到价值观、认识论等核心层面的深入发展过程。文本的互动与生成是马克思主义哲学与中国传统哲学作为跨民族、跨地域的异质文化系统之间实现文化消化吸收与转化的基础与前提。马克思主义哲学中国化的实现必然要首先通过理论文本中国化的实现来达成。而文本的中国化的过程首先就是将马克思主义哲学理论体系中的概念范畴、语言结构等置于中华民族的语言系统与文化背景下，为其找到中国化表达的过程，是中国人能读懂看懂的中国化的理论文本的生成过程。文本的互动与生成的过程表面上看是语言文字的翻译与转化的过程，从其本质来看则是不同文化系统之间的碰撞与交流的过程，是不同文化之间的相互接纳与建构的过程。在这个过程中，不同民族文化的语言文字之间实现了双向建构与生成。当代马克思主义哲学中国化的发展同样离不开文本的互动，只有不断回到马克思的经典文本中，不断地将把马克思主义哲学关键概念和核心范畴纳入中国现当代社会文化的发展过程，才能在当代中国社会的文化语境下为其找到新的语言表述。在旧词的改造以及新词的产生过程中，马克思主义哲学的理论有了更具时代性、世界性、民族性的语言表达，实现了对原有文化语境的不断超越，不断拓宽理论的视野。这些不断涌现的、以中国化的语言文字为载体的具有时代气息的新思想、新观念、新理论，在不断推进马克思主义哲学中国化，提升马克思主义哲学的理论价值与解释力的过程中，也在不断实现着中国现代汉语及哲学范畴体系的创新与完善。

二、多元思想的碰撞与交融

马克思主义哲学中国化的文化底蕴是在中西马多元文化的碰撞与交融中形成的。19 世纪末 20 世纪初的中国思想文化领域是一个多元文化的汇集地，随着国门的打开，中国的知识分子面对的是众多学派、思潮应接不暇的涌入，而马克思主义哲学只是其中的一种。文本的翻译为其进入中国人的文化语境提供了方便，但并不必然地决定其会在多元思想文化的交流与碰撞中，真正进入中国人的实践领域、文化视野，成为中国社会革命与建设实践以及中华民族精神重塑的指导思想与主流意识。对于中华民族的本土文化来说，不论是马克思主义哲学也好，还是其他西方近现代哲学也好，都属于外来的异质文化。面对外来文化对中国传统哲学所带来的冲击与挑战，中国思想理论界产生了复杂的思想碰撞与交流，其中有矛盾冲突也有对话和解。经过民族文化有机体自身的一系列排异反应，中西马哲学在比较、互动中实现了互补、接纳与融通。

马克思主义哲学因其科学性、真理性的解释力，敏锐的时代眼光，超强的实践性，以及与中国社会现实需要的契合度，在其中脱颖而出，通过中国化成为中国社会的主流意识形态。而经过马克思主义哲学辩证的扬弃，经历重新筛选与整合的中国传统哲学连同西方近现代哲学中的合理内容共同构成了马克思主义哲学中国化的文化底蕴。多元思想的碰撞与交融的过程，是马克思主义哲学在批判地吸收中国传统哲学以及西方近现代哲学的合理科学的文化元素的基础上，逐渐中国化与世界化、时代化的过程，也是在马克思主义哲学的指导下实现中国传统哲学创新转化的思想发展过程，也正是在这一过程中，马克思主义哲学的理论价值与实践内涵得到了彰显。多元思想的碰撞与交融的过程是本土文化对外来文化的拒斥与接纳的矛盾运动过程，也是对多元思想的历史筛选的过程，在中国社会历史文化发展实践的考验下，那些华而不实的思想文化被抛弃，而对于中国实践最具解释力与指导力的马克思主义哲学被接纳并逐步实现了中国化，实现了与中华文化体系的深度融合。

三、视域融合

作为马克思主义哲学与中国传统哲学相结合的关键步骤，视域融合是解释学大师伽达默尔于 20 世纪 60 年代提出的重要哲学概念。他认为对于文本的理解和解释不仅是一个科学关心的问题，而且是整个人类世界经验的一部分，他肯定了海德格尔从时间的角度对此在的分析，认为理解的活动是包含了人类历史性的运动发展着的全部存在经验的此在自身的存在方式。人类对文本进行理解的过程就是读者与作者的此在历史相遇的过程。具体到对马克思主义哲学的理解，其经典文本是马克思恩格斯从自身存在的社会历史所构成的特殊的世界与历史结构出发创作的，而作为读者的我们同样也有属于我们自己的特殊的世界与历史结构。作者与读者都是置身于其所处的历史环境中的，二者的交流与对话必然会带有特定历史文化背景下的特殊性与局限性，这便形成了作为理论诠释者的我们与马克思恩格斯之间的不同视域。在伽达默尔看来，视域就是在历史条件下与文化环境中所产生的内在于人的头脑中的、根深蒂固的成见，又叫前见。视界的开放性决定了作者与读者是彼此向对方敞开的，在二者的历史性对话中，不是要让读者抛弃由自身的历史特殊性所形成的前见，完全置身于作者的此在中，这是不对的也是不可能实现的，而是让作为诠释者的读者在将自身的视域与作者视域交融的过程中，在拥抱传统的过程中，不断丰富与拓宽自己的视域。现在与过去的视域交融的过程正是伽达默尔所讲的视域融合的过程。需要注意的是，视域融合产生了新的视域，在这里诠释者与被诠释者的视域融为一体，实现了对彼此原先视域的超越。

当然，伽达默尔的视域融合更多指的是同质文化之间现在与过去、与传统的对话和相互理解。而作为异质文化的马克思主义哲学与中国传统哲学之间的视域融合则是更为复杂的过程。因为同质文化过去与现在处于相同的语言符号系统中，诠释者与被诠释者之间比较容易相互理解与达成共识。而异质文化之间由于分别处于不同的语言符号系统中，二者之间首先需要完成文本的互动与生成才能使对话成为可能。另外，二者之间不仅存在着过去与现在的纵向的时间历史距离，而且存在着民族本土文化与外来文化之间横向的空间地理距离，存在着社会历史文化等诸方面的差异。所以，在马克思主义哲学与中国传统哲学的交融中，视域融合意味着中国当代哲学与传统哲学的视域融合、马克思主义哲学的当代发展与经典文本的视域融合、中国哲学的过去与现在的发展同马克思主义哲学的文本以及中国化发展过程的视域融合等。这要比同质文化之间的视域交融复杂得多，也困难得多。要实现马克思主义哲学与中国传统哲学之间的视域融合，需要我们在准确深刻地把握二者各自的历史传统、发展脉络、核心特质、理论精髓等的前提下，坚持问题导向，从时代发展与社会文化发展的具体实践要求出发，从现在、未来的一切现实的社会问题出发，引导本土诠释者从马克思主义哲学的理论文本中寻找答案，从而在诠释与解答中国问题的过程中实现马克思主义哲学在中国社会历史发展过程中的进一步创新发展与升华，获得中华民族本土化的表现形式，发展出中华民族本土化的理论成果，实现异质文化之间的视域融合，进而赋予中国传统哲学科学性、时代性的新内涵，实现哲学形态、理论体系的创新转化，更好地服务于中国社会历史文化发展的需要。这便是伽达默尔所讲的效果历史。

　　坚持以问题为导向的异质文化之间的视域融合要求我们对中国社会历史文化发展中的问题体系进行结构性、逻辑性的梳理与整合，形成问题域。在中国革命与社会主义现代化建设的社会实践与社会主义先进文化建设的精神实践中，有关社会及文化的发展规律、性质、主要矛盾变化、动力等一系列彼此相关的问题构成了中国社会的问题域，并且随着中国社会主义改革与建设事业的不断向前推进，新的问题与矛盾还会继续涌现，问题域作为一个开放的发展的问题体系，处在历史的持续生成过程中。而在马克思主义哲学科学世界观、方法论的指导下所产生的一系列中国化的理论成果，则是由问题所主导的异质文化之间视域融合的结果。就这样，在解决具体问题的过程中，在中国的诠释者与马克思主义哲学的经典文本进行着的视域融合中，随着新视域的不断生成，原先的视域被打破和超越，马克思主义哲学得以实现理论的发展与进步。当然，作为中国本土的诠释者，其视域的构成不仅包括中国社会历史实践的现实问题，还包括深深地浸入中国读者头脑中的由中国传统文化特别是中国传统哲学所塑造的精神气质与文化底蕴。所以，马克思主义哲学中国化的过程不仅体现为在现实实践层面上对中国问题的解答，更体现为与中国传统文化特别是中国传统哲学优秀思想内容的深度融合。正是这种异质文化之间的视域融合形成了推动马克思主义哲学中国化与中国传统哲学创新转化的强大的文化动力，既丰富与发展了马克思主义哲学的理论体系，又实现了对中国传统哲学的科学的扬弃、批判的继承、创新的发展，为马克思主义哲学更好地融入中华文化的学脉，实现真正意义上的中国化、时代化、大众化以及中国传统哲学的当代转型奠定了扎实的文化基础。马克思主义哲学中国化、时代化、大众化的发展与中国传统哲学的现当代创新转化都是统一于中国化的理论发展的同一个过程。换句话说，当前马克思主义哲学中国化的过程是与当代中国社会主义改革和发展实践以及中国传统哲学的当代重建与振兴内在契合的。这既是对马克思主义哲学的实践性、时代性的本质精神的复归，也为中国传统哲学的创新转化提供了很好的理论发展契机。

四、综合创新

综合创新是在视域融合的过程中，结合不断变化的社会实践，通过唯物辩证法科学的扬弃的方法，在批判的继承的基础上，实现对多元理论的创新与超越。张岱年在其文化综合创新论中指出，无论是中国文化还是西方文化，都是既有精华又有糟粕的，这就需要批判地吸收与继承。方克立认为，综合创新便是在不断变化发展的历史条件下，从中国实际的主体性需求出发，以开放包容的态度，用科学扬弃的辩证方法，批判地继承与吸收古今中西的一切优秀文化成果，将分析与综合、综合与创新相结合，实现多元文化的整合、超越与创新。具体到马克思主义哲学与中国传统哲学的结合发展过程，一方面，综合创新表现为中国传统哲学的历史文本与中国当代诠释者之间的视域融合、西方哲学特别是马克思主义哲学的历史文本与中国当代诠释者之间的视域融合、同一文本与不同解释者之间的视域融合等，是时空的多重视域的交织与融合。另一方面，综合创新表现为科学的理论框架，立足于中国诠释者的话语体系，在解释与解决现实问题与理论问题的过程中，在融通马克思主义哲学与中国传统哲学的过程中，借鉴与吸纳一切文明的优秀成果，从而超越历史与文化的局限，实现理论的创新与超越。

总之，马克思主义哲学与中国传统哲学相结合的过程是源自西方和东方的两种文化系统之间的深度交流与对话的过程。马克思主义哲学中国化的过程是中国本土的诠释者从古今中西时空交织的思想文化发展的理论视野出发，在对马克思主义哲学经典文本的中国化诠释与中国化生成的过程中，在中国本土文化与外来多元文化的冲突对抗与接纳和解的过程中，在历史的、世界的视域融合的过程中，在时代召唤与实践发展的过程中，实现理论在空间地域以及历史文化多维度、多层次的拓展。随着马克思主义哲学中国化、时代化、大众化的深入推进，其与中国传统哲学的对话与交融也在向纵深发展，马克思主义哲学中国化的过程可以看作其与中国传统哲学从理论与实践的角度双向建构与融通的过程。

第三节　马克思主义哲学与中国传统哲学
相结合的方法

关于马克思主义哲学与中国传统哲学相结合的方法，王南湜试图通过马克思主义哲学的研究范式的转换来寻找理论相互通约并走向未来的阿基米德点。在《论哲学思维的三种范式》一文中，王南湜以"理性的根源"为依据将哲学的理论思维方式划分为三种，分别是世界论思维范式、认识论思维范式以及人类学思维范式。王南湜认为人类学思维范式是由马克思所开创的，包括海德格尔、哈贝马斯甚至维特根斯坦等人的思想都可以归入人类学思维范式。他认为"马克思则明确地建立起了人类学思维范式，明确地将哲学还原为人类生活，归结为对人类生活的反思……哲学……是深深地植根于人类现实生活的"①。在《范式转换：从本体论、认识论到人类学——近五十年中国主流哲学的演变及其逻辑》一文中，王南湜把中国马克思主义哲学的发展历程归结为从实体性范式到主体性范式，再到人类学范式的发展过程。② 在《人类活动论导引》一书中，王南湜将实践概念扩展为"人类活动"，认为"一是要确立一种基本原则，把马克思哲学的各个环节贯通起来；一是要找到一种方法，把马克思哲学的逻辑体系完整地表述出来"③。在《论人的感性活动原则——关于哲学对象问题的思考》一文中，王南湜提出，马克思主义哲学应以人的感性活动作为对象。④ 在王南湜的实践哲学理论中，我们看到了马克思主义哲学对人、对实践、对现实的具体感性生活的关注，这种向人类学范式的转换也为马克思主义哲学更好地与中国传统哲学相结合，实现马克思主义哲学在根本意义上的中国化以及中国传统哲学在根本意义上的现代化⑤，为马克思主义哲学更好地实现创新发展，更好地服务现实生活、解答现实问题找到了

① 王南湜：《论哲学思维的三种范式》，《江海学刊》1999 年第 5 期。

② 王南湜：《范式转换：从本体论、认识论到人类学——近五十年中国主流哲学的演变及其逻辑》，《南开学报（哲学社会科学版）》2000 年第 6 期。

③ 王南湜：《人类活动论导引》，南开大学出版社，1993，第 301 页。

④ 王南湜：《论人的感性活动原则——关于哲学对象问题的思考》，《哲学研究》1988 年第 8 期。

⑤ 王南湜：《论哲学思维的三种范式》，《江海学刊》1999 年第 5 期。

新的方法与理论发展出路。

"出场学"作为当代马克思主义哲学研究的新范式，是马克思主义哲学创新发展的方法论前提，主张通过与时俱进的理论创新，探索理论在不断变化的、现实的、时代的历史语境中不断出场的路径与形态。该理论认为，马克思主义哲学实践的、历史的属性，决定了其与一劳永逸地把握世界的形而上学有着本质的不同，马克思主义哲学作为时代精神的精华，随着历史的、现实的、具体的实践图景的变化不断进行理论创新是其本质的必然要求。出场学主张现实存在的各种马克思主义哲学形态是一种历史性的出场形态，各种形态对于其背后的出场语境、出场路径存在深度依赖。① 当前的历史唯物主义出场的新形态是在对实践本体论进行科学的反思的基础上，谋求实现马克思主义哲学当代发展的新的理论探索。出场学通过对实践本体论的两个发展阶段的分析，指出前期的主体性实践本体论其出场语境是现代性的，后期的生存论实践本体论其出场语境是后现代性的。前期实践范畴及其本体论地位的确立是马克思主义哲学在市场经济这一现实语境下的出场形态，突出了现代性中主体性与理性两大原则。随着人以自我为中心的主体性畸形发展，产生了人与自然、社会以及自身之间的异化，而这些困境的解决则需要对现代性进行理性的反思与批判，重建人与世界的和谐，实践生存论、本体论则顺势出场。生存论的问题是思想问题，同时也是实践问题。人的生存活动正是围绕人这一价值主体，以理性原则去建构包括自然世界、社会世界、文化世界、心灵世界在内的人的生存世界的过程。我

---

① 任平、山港：《走向出场学视域的马克思主义哲学研究：创新路径与未来趋势——任平教授访谈》，《学术月刊》2008 年第 9 期。

们党有关和谐社会、社会主义核心价值观、以人为本的观点正是在解决现代性问题的过程中，将马克思主义哲学与中国传统哲学相结合的产物。历史唯物主义认为，实践关系是人与世界的根本关系，其次是主客体的关系和价值关系。如今，时代的发展需要我们回到以辩证法为基本原则的历史唯物主义，回到现实的人与世界，辩证地分析与解决在现实的实践基础上的人与世界的关系问题。

由此可见，不断变换的时代课题呼吁理论创新，因历史语境的不断变换而不断创新的马克思主义哲学的新的出场路径与形态，使得马克思主义哲学与中国传统哲学相结合表现为一个具体的、历史的过程，只有进行时，没有完成时。马克思主义哲学与中国传统哲学相结合是一个和而不同的相互交融又各自独立的发展过程，这就需要我们在不断变换的时代语境与实践语境中通过二者的相互融通，寻找二者重新出场的新的路径与新的形态。对马克思主义哲学研究范式的探讨为马克思主义哲学与时俱进地实现理论创新发展并不断中国化提供了方法论前提，为其与中国传统哲学相结合找到了在具体的、现实的历史语境中的新的契合点，也为中国传统哲学在现时代的创新转化提供了方法论指导。

第五章 当代马克思主义哲学与中国
传统哲学相结合的几个视角

当今时代，随着全球化的发展，世界各国正日益紧密地联系在一起，随着西方国家从工业社会向后工业社会发展，"人怎么了?""世界怎么了?""人类与世界的未来在何处?"等成为时代主题与理论研究关注的课题。西方哲学出现了以反叛现代性为主旨的后现代转向，在对现代化过程中产生的社会、人心等问题的反思的前提下，在对西方哲学理性主义的知识论传统进行解构的基础上，对意义与价值等终极关怀的问题给予了更多的关注。陈先达说："我们研究马克思主义哲学必须以问题为导向，应该从哲学角度关注人们关心的问题，回应年轻人普遍关注的社会热点问题，而不要只做抽象的概念文章。"① 20 世纪 90 年代以来，让马克思主义哲学回归生活世界的理论发展诉求使得"人学""价

---

① 陈先达、臧峰宇：《马克思主义哲学时代化与历史深处的哲学心语——陈先达教授访谈录》，《江海学刊》2016 年第 4 期。

值哲学""文化哲学""生存论哲学""实践哲学""历史唯物主义"等研究范式大量涌现，标志着学界对马克思主义哲学理论的研究进入了一个新的发展阶段，也为马克思主义哲学与中国传统哲学相结合提供了新的理论视角与逻辑契合点。马克思指出，全部社会生活在本质上是实践的，人的思维是否具有客观的真理性，这不是一个理论的问题，而是一个实践的问题，人应该在实践中证明自己思维的真理性，即自己思维的现实性和力量，自己思维的此岸性。

随着我国现代化建设的不断向前推进，为了避免西方现代化过程中出现的问题再次上演，需要将马克思主义哲学的科学理性与价值理性统一起来，从当今世界与中国面临的主要问题出发，在马克思主义哲学科学实践观的指导下，挖掘出中国传统心性哲学中关乎价值、关乎人、关乎实践、关乎文化、关乎生存的合理成分，通过创新性的改造，使之在与马克思主义哲学相结合的过程中重新焕发出生机与活力，同时也可以更好地推动马克思主义哲学研究范式的转换，挖掘其在当代的理论指导意义与时代价值。如今，要实现"资本逻辑"向"人的逻辑"的转化，就需要我们从历史唯物主义的角度对资本逻辑支配下产生的一系列悖论进行哲学的分析与批判。人类中心主义所导致的"环境悖论"、人与他人及创造物相异化所导致的"两级悖论"和"主奴悖论"、人与自身相异化所导致灵肉分离的"存在悖论"，这些都是资本主义社会无法解决的悖论。在中国特色社会主义建设的过程中，要避免出现这些悖论，就需要创造并开启一种优于资本主义文明的新型文明，这种文明"必须在人与自然的关系上全面超越'环境悖论'、在人与人的社会关系上全面超越'两级悖论'、在人与他人的主体间关系上全面超越'主奴悖论'、在人与自我意识关系上全面超越'存在悖论'"①，立足历史唯物主义寻求破解中国问题与人类问题的方法与途径。

以下主要从人与社会、人与自然、人与自身的角度，从科技、生态、人学三个视角探讨当代马克思主义哲学与中国传统哲学相结合的问题，希望能为中国乃至世界的发展贡献中国智慧与中国方案。

第一节 马克思主义哲学与中国传统哲学相结合的科技视角

现代性思维对工具理性的过度主张，在使得科学技术飞速发展、人民生活极大便利的同时，也带来了严重的社会精神问题。人们在对物质享受的过度追求中，放弃了对价值意义的终极追求以及对精神的积极建构。随着人工智能时代的到来，人们沉浸在冰冷的、无生命的技术代码所营造的虚拟的技术空间中，在其所带来的虚假的满足中，与世界、与他人、与自我日渐疏离。这种科技理性带来的人的异化导致了一系列社会问题，如人情淡漠、道德滑坡、信仰缺失、意义空场、价值扭曲、犯罪高发等等，西方后现代哲学对由于现代科技对人类生活实践的过度干涉所带来的价值负载进行了无情的批评，并站在解构主义的立场上对工具理性进行了全面否定。后现代主义者在反对科技理性的方面做出

---

① 张艳涛：《建构面向"中国问题"的历史唯物主义理论话语体系》，《社会科学》2018 年第 3 期。

了一定的贡献，但是这种颠覆性、破坏性的否定方式作为一种偏激的情绪发泄，并不能真正解决问题。马克思主义哲学在对待科学技术的态度上，主张工具理性所导致的价值负载的根本原因在于科技所应用与服务的社会制度是不健全的，健全的社会制度能对现代科技的应用进行科学的指导与理性的规约。马克思认为，作为改变人的生存质量的重要因素①，科学技术以及工业经济体现了人的本质力量，也是对人的生存状况的展现②。所以，要改变科技发展带来的负面效应，根本不在于否定科技本身，而在于从社会制度层面不断变革和完善导致科技应用负面效应的不合理的社会制度。加之在马克思主义哲学与中国传统哲学相结合的过程中，我们从中国传统哲学中也提取出了解决问题的思想资源，这也为马克思主义哲学与中国传统哲学在当代相结合提供了条件。

一、现代及后现代哲学科技观对科技异化的批判

西方近代自然科学的发展带来了人类历史上的第一次科技革命，科学技术开始进入人类的视野，从那时起西方哲学家们便开始了对科学技术的思考与探讨。这种在哲学视域下对科技的思考经历了从理性质疑到批判反思，再到强烈反对与声讨的演化过程。西方现代人本主义哲学家们在对科技理性带来的价值负载以及人类生存悖论的科学反思的基础上，从非理性主义、直觉主义的立场出发，提出了反科学主义的理论主张，认为科技是产生人

---

① 马克思：《1844 年经济学哲学手稿》，人民出版社，2000，第 89 页。
② 马克思：《1844 年经济学哲学手稿》，人民出版社，2000，第 88 页。

类社会所有罪恶与悲剧的根源。尼采称"实证主义坚持现象中'只有事实',与之相反,我要说:不,恰好没有事实,只有解释"①,"世界的意义需要人来置入,需要根据自我创造的目标来设置一个目的,形成一个自我的世界"②。尼采强调知识并不是价值中立的,科技理性不过是权利意志自我表达与实现的工具,是人类从支配与操纵自然的主观欲望与需求出发去解释和改造对象世界的权利意志的体现,科技发展所揭示的并不是来自对象世界的客观真实的规律,而是科学家们的主观需求与欲望。科技发展对工具理性的过度推崇使得产业分工更加精细,人具有创造力与生命力的生产活动成为机械化的简单操作,这种重复劳动正在扼杀人的生命意志,野蛮化人的精神世界。但尼采否认造成这种生存悖论的根源是资本主义制度本身,他认为使生命变得病态的这场荒诞的精神梦魇只是由于人类对科技力量的非理性崇拜与应用。

柏格森认为,科学技术是受客观规律支配,以语言文字为载体,以机械分析为方法,以现实功利为目的的工具理性。对工具理性的过分推崇,使得价值理性日渐衰微,那种通过反观内省才能获得的关于生命价值、意义等的真理性认识被虚假的面向客观世界的对客观规律的认识取代,最终导致价值的失落、意义的空场、人生状态的低迷。这种来自反科学主义与非理性主义的对科学技术的怀疑与拒斥的科学观,在 19 世纪末到 20 世纪中期发展

---

① F. Nietzsche, *The Will to Power*, trans. Walter Kaufmann (New York: Vintage, 1968), Sec. 481.

② F. Nietzsche, *The Will to Power*, trans. Walter Kaufmann (New York: Vintage, 1968), Sec. 605.

成为西方世界对科学的普遍认知。许多西方哲学家从反科学主义的立场对构成科技理性的概念、判断、理论依据甚至结论都进行了无情的批判与否定，认为科学主义不过是存在于科学家的观念里的既不可信又不可靠的偏见。现象学大师胡塞尔主张科技理性在满足人类的物质生活享受的同时，导致了精神世界价值的失落与意义的空场。科技异化带来的人的物化使得人类面临道德滑坡、信仰危机、社会混乱、犯罪多发等无法逃避的生存困境。站在"超理性主义"的立场上，胡塞尔认为要将人类从精神危机中解救出来，重新找到生命的尊严以及生活的价值与意义，就要拒斥科技对人类日常生活的过度干涉，反对用工具理性的方法来对待鲜活的生命与现实的人生。海德格尔认为以数学与物理为基础的现代科学技术存在着物化一切的价值取向。站在存在主义哲学的立场上，海德格尔认为科技理性将人类生动鲜活的现实生活与丰富多样的价值追求塞入了精确性、规律性的思维框架中。科技正在超出人的掌握，演变成为一种控制人的异己力量，人被物欲裹挟，成为无灵魂的行尸走肉，人的本质正在被全面异化。而科技的高速发展对自然的肆意掠夺与破坏，正在日益毁灭人类的生存家园。

作为西方马克思主义哲学的代表流派的法兰克福学派，从其社会批评理论的观点出发，认为科学技术的发展与人类幸福指数的提高之间不是正相关的。科技的高度发展只会加大对人性的异化，压缩人的自由全面的生存与发展空间，加强对人类主体性的钳制，加剧资产阶级统治者对产业工人的剥削。科技理性助长了人肆意掠夺与破坏自然的嚣张气焰，也加速了人的全面异化与自我毁灭。人类社会在工具理性的影响下日益机械化、零件化、程序化，人也正在失去其作为社会存在物的主体性、自觉性，异化成了物或他者。科技理性肆意扩张所造成的价值负载与生存悖论正在日益摧毁人类社会所创造的一切价值，科学沙文主义将埋葬包括资本主义在内的人类的所有文明。马尔库塞主张，资本主义社会现代性危机的根源不在制度，而是源自人类对科学技术的不正当应用。他从弗洛伊德主义出发，指出科技理性对人的爱欲与本性的非法压抑与控制作为资本主义对人的压迫的具体表现，是资本主义所有罪恶与一切问题的根源。科技发展成为新型的控制、压迫与奴役人的意识形态统治力量。工具理性带来的虚幻的满足麻痹了反抗的情绪，自动化、机械化的便捷生活吞噬了人的创造性灵感与自由，人迷失在了现代科技所带来的纸醉金迷的生活享受中，丧失了批判性与革命性的本质力量，成为单向度的人，当一切反对声音与离心力量被全面压制，资本主义在科学技术的高压下便全面异化为"单向度的社会"①。随着当代全球化的发展，科学技术一体化的进程加快，科学技术作为第一生产力，正全面渗透到资本主义国家的政治统治层面，与国家政权一起异化成为控制与压迫人的暴力工具以及实现人类解放的桎梏。

综上所述，现代科学观中到处都是非理性的对科技的质疑与否定，充斥着对科技带来的价值负载与全面异化的悲观。而后现代科学观则在对技术生存悖论进行深刻反省与无情批判的基础上对现代科技进行了全面解构。后现代科学观继承了现代科学观对科技理性的批评立场，从人与自然的宏观和人与社会的微观两个视域分析了科技片面发展给人类社会、自然界以及人的精神世界

---

① 夏基松：《现代西方哲学》，上海人民出版社，2006，第 360 页。

带来的危害性后果：一方面，从人与自然的关系来看，现代科技的迅速发展，科技理性的急剧膨胀，加剧了人对自然的征服与破坏，资源被耗尽，生态被破坏，环境被污染，物种被消灭，平衡被打破。基因与克隆技术日益成熟，一旦被人类滥用便会产生无法预知的生态危机与灾难。再加上核武器的威胁以及原因不明、来源不明的新型高致病性、致死性病毒的全球蔓延，人类面临着前所未有的生存危机。这充分表明，科技已经异化为**"异己的、敌对的和统治的权力"**①，变得越来越敌视人了。科技物化一切的价值选择使之最终异化为控制、奴役与压迫人的异己力量，人在这种高压下，价值在失落，意义在缺失，信仰在崩塌，人性在丧失，道德在滑坡，自由被剥夺，逐渐异化为物与他者。而人的全面异化使得人开始沉醉于技术理性带来的虚假狂欢，沉迷于科技带给自己的无所不能的力量，在对待自然的态度上更加肆无忌惮、有恃无恐，这种不负责任、不加控制的技术滥用最终导致了人对自然界的非法操控。人以自身的全面异化为代价实现了对自然的非法征服，而这种非法征服所带来的技术生存悖论最终将导致人的自我终结。

另一方面，从人与社会的关系来看，随着现代科技的飞速发展，科技产品的更新换代与商业性的大规模复制与传播所打造的感官盛宴满足了人们的物质享乐的感性需求，用虚假的、低级的感官刺激麻醉了人的灵魂，使人甘心在其中沉迷与沦陷。人对科技的依赖使得人正在沦为机器的奴隶，人的创造性能力、批判性思维、主体性力量正在逐渐退化与丧失，人变成非本真的异化的

---

① 《马克思恩格斯文集》第 8 卷，人民出版社，2009，第 358 页。

存在，无家可归的精神上的游魂。更严重的是，随着人类对物欲的争相追逐，越来越多的人正在放弃内心对道德良知、价值意义、理想信仰的坚守，在对金钱与物质利益的追逐中，成为金钱拜物教的忠实信徒。再加上现代网络与媒体广告无孔不入的价值轰炸与渗透，这种高强度的洗脑，使得工具理性在人的潜意识深处正逐渐取代主流意识形态的主导地位，形成了一种潜在的话语霸权与思想垄断。所有的这一切，使得人对技术理性的弊端逐渐丧失了反省与批判的能力，在人性扭曲、心理变态的路上越走越远，最终变得人鬼难辨，人类社会成为可怕的人间地狱。就这样，科技理性走向了人类自由解放与全面发展的反面，异化为维持政治统治的暴力工具，作为人类社会一切罪恶的根源，后现代哲学将科技看作全民公敌。

后现代哲学在对现代科技深刻反省与强烈批判的基础上，对作为现代科技理性的理论根基的"文明进步论"进行了彻底的解构。两次世界大战所带给人类社会的痛苦与创伤以及对人类文明发展的毁灭性打击，使得后现代哲学家们对科技发展带来文明进步的思想产生了深深的质疑。但后现代哲学对文明进化论的消解，对科学的解构，并不是要彻底否定科技，只是要求人们在对科技的本质、作用与影响进行全面反思的基础上，对科学技术的应用进行合理有效的引导，将人的思维从科技异化发展的桎梏中解放出来，消解科技对自然、社会、人生产生的负面效应与不良后果。后现代哲学家们认为，在当今世界，科学技术作为第一生产力，成为国家之间为了获得知识霸权而竞相争夺的对象，科技作为实现人类贪婪欲望与自私目的的工具，正在日益走向人类文明进步的反面。工具理性的膨胀使得价值理性日渐衰微，作为价值主体与道德主体的人正在走向死亡。正如后现代哲学家利奥塔所描绘的那样，现代科技发展的内在机理存在着合法性危机，其原先的解释功能正在异化为功利手段，科技发展的价值负载已到达无以复加的地步，当初科技推动文明进步的伟大承诺也成为无法兑现的空头支票。在科技政策制定与科技资源分配过程中存在的严重不公平现象，无形之中孕育着随时可能爆发的新的科学危机。罗蒂认为，科学所揭示的并不总是客观真理，而技术也并不总是利国利民的，这取决于发明科学技术的科学家的道德良知与操守，科技理性只有与价值理性相结合才能使科学发展回到促进人类文明进步的正确轨道上。因此后现代哲学提出用结合科技理性与价值理性的"大科学观"来解决技术生存悖论的难题。有人甚至认为，科学作为实用性的工具，并不具备客观性，人应当从对科学的盲目崇拜中解脱出来。特别是随着科学发展到"大科学时代"，科学技术处于国家或国家利益联盟的控制之下，任何科学技术都是由这些利益集团通过金钱或极权操纵的傀儡科学家们所研发的，这使得科技并不总是能够代表全人类的利益，甚至有时是同人类的根本利益相悖的。而此时科技会演变为一种野蛮的黑暗力量，给人类文明进步带来灭顶之灾。后现代哲学主张从解构主义的立场出发，希望通过解构技术生存悖论的理论基础，铲除导致自然、社会、人生无秩序、荒诞化、虚无化的技术生存悖论存在的合法性根基。后现代哲学认为，解释世界的方式有很多种，科学只是其中的一种且并不特别，如果把科学的"元叙述"应用于一切领域，最终只会产生对思想、人性的钳制，导致独断、僵化、异化的后果。在对科学技术对社会发展的双刃剑效应的理性反思的基础上，后现代哲学主张对科技发展过程应该进行科学的引导与合理应用，倡导建立自由、多元、民主、包容的人性化的和合科技观来从根本上瓦解科技生存悖论的理论基础。

二、融通视域下马克思主义哲学科技观的中国化

科技理性的过度膨胀所带来的科技异化导致世界面临着普遍而深刻的技术生存悖论。中国传统哲学站在技术批判的角度，认为"有机械者必有机事，有机事者必有机心。机心存于胸中，则纯白不备；纯白不备，则神生不定；神生不定者，道之所不载也"（《庄子·天地》）。中国传统哲学看到了科技发展给人与社会带来的负面影响，但这种片面地拒斥工具理性的态度是不可取的；西方哲学家们所提出的通过思想或心理层面的革命，实现对工具理性的拒斥与社会人心秩序的重建，在马克思主义哲学看来不过是治标不治本的"爱的呼唤"。

马克思主义科技观主张科技活动本质上是作为社会性存在的人所进行的社会性的实践活动，社会需要是科技发展的动力，社会一旦有技术上的需要，这种需要就会比十所大学更能把科学向前推进。与中国传统哲学和西方哲学拒斥科学、反对科技不同，马克思主义科技观认为科技具有积极与消极的双重效应，而科技能否被合理有效地使用，决定了科技发挥作用的性质。"科学是一种强有力的工具。怎样用它，究竟是给人带来幸福还是带来灾难，全取决于人自己，而不取决于工具。刀子在人类生活中是有用的，但它也能用来杀人。"[1] 正如邓小平所说，好的制度不一

---

[1] 《爱因斯坦文集》第 3 卷，许良英、赵中立、张宣三编译，商务印书馆，1979，第 56 页。

定会让人变好，但坏的制度一定会让人变坏。现代社会科技滥用带来的一系列破坏性后果首先是人的问题，然而人的问题从根本上来讲是制度的问题，科技生存悖论的根源并不在科技。马克思主义哲学科技观在对科技异化的本质、原因及影响进行理性分析以及对西方哲学科学观进行科学的扬弃的基础上，提出科技异化的根源不在人心而在制度本身，所以真正的治本之策应当是彻底铲除科技生存悖论产生的社会制度基础，从而实现价值的复归、自然社会的和谐与人的自由全面的发展。科学技术本应"通过工业日益**在实践**上进入人的生活，改造人的生活，并为人的解放作准备"①。

马克思主义哲学科技观的中国化过程是在对科学技术之为双刃剑的理性分析的前提下，对工具理性及其背后的不合理的制度无情批评的基础上，将科学理性与价值理性相结合，并创造性地对中国传统哲学中的合理成分进行了改造，实现了理论创新与实践超越。江泽民指出"在二十一世纪，科技伦理的问题将越来越突出。核心问题是，科学技术进步应服务于全人类，服务于世界和平、发展与进步的崇高事业，而不能危害人类自身"②；胡锦涛提出的科学发展观核心是以人为本；习近平提出共享发展理念，主张坚定不移地贯彻科技兴国战略和创新驱动发展战略，坚定不移地走科技强国之路……中国的社会主义制度和科学发展战略以马克思的科技思想为指导，以人的全面发展为终极目标，这为马克思主义哲学科技观的发展与应用提供了良好的制度环境，而中国传统哲学的心性修养学说对于恢复人心秩序、重拾价值意

---

① 《马克思恩格斯全集》第 42 卷，人民出版社，1979，第 128 页。
② 江泽民：《论科学技术》，中央文献出版社，2001，第 217 页。

义、化解信仰危机具有积极的现代意义。回到中国传统哲学并不是要回到那种物质资料极度贫乏的小国寡民、无私无欲的恬淡状态，而是要用中国传统哲学中的价值理性对工具理性进行有效的纠偏，建构和谐的人心秩序的同时实现社会的和谐发展。

第二节　马克思主义哲学与中国传统哲学相结合的生态视角

根治现代科技发展所带来的价值负载，需要我们坚持科学生态观，从"人类中心主义"的生态观中摆脱出来。作为西方传统主客二分的思维模式的产物，"人类中心主义"单方面地从人的需要、价值与意义出发，把主体的人与客体的自然界相对立，认为二者之间只是单纯的认识与被认识、改造与被改造的关系。随着近代科学技术的飞速发展，人类改造自然的实践能力的不断增强，人类妄图征服自然的野心逐渐膨胀。人类置自然生态系统的平衡于不顾，为了个人私利对自然资源肆意地开采，对自然生态无情地破坏，而这种不计后果的开发与破坏最终必然导致人类的自我毁灭。

随着现代环境问题的日益凸显，人们开始对"人类中心主义"这种错误的理论进行冷静的反思与批评，提出了"反人类中心主义"的理论主张，要求放弃以人为中心的立场，关注人类之外的自然环境、生态系统、动植物个体的权益。但这一主张明显带有矫枉过正的缺陷，很容易使得人类正常的生存与发展的需要被忽视，不仅不能唤醒人们对生命的尊重和对价值意义的思考，反而成为反对人的权利与尊严、鄙视人的需求与价值的反人道主义和生态法西斯主义。马克思认为，人只有在社会中才能够真正成其为自身的存在，只有在社会中才能够实现人在自然界的人道主义与自然界在人的自然主义。① 要解决这一理论困境，需要我们回到中国传统哲学的"天人合一"的智慧中去，通过充分融通以自然的权益与需求为出发点的自然主义与以人的权益和需求为出发点的人道主义，在马克思主义科学生态观的指导下创立一种更高层次的崭新的"生态中心论"。该理论既能充分满足人的生存与全面发展的需要，又能尊重与保障自然生态的权益与秩序，真正实现人与自然的和谐发展。

一、人类中心主义生态观的内涵及发展过程

关于人类中心主义生态观的基本内涵，学界从不同的角度进行了定义：首先，从生物学的角度来看，人作为高级的灵长类动物，处于食物链的顶端，是自然界生态系统长期进化的产物。拥有智慧与理性的思维，是人与其他动物的本质区别。人支配与主宰其他生物符合弱肉强食、优胜劣汰的自然法则。其次，从本体论的角度来看，人类中心主义生态观在处理人类与自然生态环境的关系时，主张人是万物之灵，是宇宙的主宰、世界的中心，自然界中的一切都是为了满足人类的需要而存在着的。人与自然的关系是利用与被利用、主宰与被主宰、改造与被改造的关系。再次，从认识论的角度来看，受西方认识论的主客二分传统的影

---

① 马克思：《1844 年经济学哲学手稿》，人民出版社，2000，第 83 页。

响，人类中心主义生态观认为，人作为认识的主体，总是用自己的感官系统与思维系统来认识与改造周围世界，这就使得人对于纳入人的认识领域、存在于人的认知系统、作为认识客体而存在着的自然界的特征、属性、作用的认知都是人的本质与需要的体现。既然自然界处处体现着人的尺度，那么人就是那个为自然立法的上帝般的存在。在人与自然的关系中，人处于决定性的主导地位，自然是为人而生、被人支配的客体，是被改造、被役使的对象。最后，从价值论的角度来看，价值评价的主体与认知活动的主体一样，从来都是以人为中心的。由此出发，价值的实现就是人的需求的满足。具体到在伦理道德层面的价值设定，人们在进行价值选择的时候也是以自身的利益为出发点的。人是价值的主体与实践者，只有人具有价值理性，其他的一切都只具有工具理性，都是为人的自我价值的实现服务的。综上所述，人类中心主义生态观站在人与自然对立的不平等的立场上，认为人的需求、尊严、价值、利益才是需要被尊重与维护的，而自然的生存与发展的权利一直处于被忽视的状态。在高扬人的理性力量与实践能力的同时，人类中心主义生态观强调自然对人类的绝对服从。在这种无止境的肆意的征服中，环境污染、生态破坏、物种灭绝、资源枯竭、灾害频发，这些恶果正在将人类置于死地。

人类中心主义生态观作为人类对自身与自然宇宙相互关系的认识与思考，既不是完备系统的理论体系，也不是人类中心论下设的生态学派，而是在人类变革自然的生产实践活动中不断形成与发展的理论形态。在人类社会的发展过程中，随着生产力的发展与社会的进步，人类中心主义生态观的内容与形式都经历了一个历史的发展过程。它的第一个理论形态是古代人类中心主义生态观，在古代社会，人类对自然及其规律缺乏科学系统的认知与把握，同时生产工具与手段也非常落后，在这种极低的生产力发展水平的影响下，人与自然处于浑然一体的自然状态。随着人类理性的发展、自我意识的觉醒，人类产生了最早的自然目的论的人类中心主义生态观。这种生态观认为，人是自然万物存在的目的，自然万物不过是实现人的内在目的的手段，而人的内在目的便是人的生存与发展。古希腊哲学家普罗塔哥拉提出的"人是万物的尺度"，可看作此种生态观的发轫。需要指出的是，这种活跃于人类社会早期的自然目的论的人类中心主义生态观，在对待人与自然的关系上始终处于一种物我合一、浑然一体的模糊状态，人的主体性、能动性并没有真正显现出来。

它的第二个理论形态是近代人类中心主义生态观，这种生态观是建立在近代科学飞速发展的基础上，那是一个地理大发现的时代，同时也是人自我发现的时代。文艺复兴与启蒙运动将人性从中世纪神学所宣扬的神性中解放了出来，人的理性思维的能力以及实践能力都有了质的飞跃与提升。在对待人与自然的关系问题上，人类开始表现出造物主似的骄纵与狂妄。法国哲学家笛卡尔曾经指出，人作为理性的高级的存在、实践的主体，理应成为自然界的主宰，而动物作为有形体无灵魂、只有体积与重量等属性的低级的存在，本质上与无生命的物质没有差别。人类从自己的生存、发展与自我实现的需要出发去征服与掠夺自然是无可厚非的。德国哲学家康德主张人为自然立法，认为人的理性具有先天的永恒的必然法则，规律与法则并不存在于自然万物当中，而是人的理性所赋予的。而黑格尔认为人作为有理性的存在，以理性自我的发展与实现为终极目的与追求，只有人才配享有道德伦理方面善的尊重与对待，动物没有理性，只是人实现终极目的的工具罢了。近代人类中心主义的自然观，以近代科技发展为背景，以西方主客二分认知模式为基础，高扬了人类理性的力量与实践的能力。

二、人类中心主义生态观的发展困境与理性反思

人类中心主义作为人类中心主义生态观的理论渊源，在现代世界陷入了理论发展的困境。随着科技的发展与全球化的推进，科技理性的负面影响与全球化产生的问题正在日益凸显。人类中心主义者鼓吹造成这些问题的根源并不是人类对自身价值与利益的极度推崇，而在于人类的理性认识能力与实践能力不够，对规律的把握不够。为了消除这些负面影响与问题，将人类从生存困境中解放出来，维护全人类的共同权益，人类必须不断提高自身的实践能力，掌握和利用尽可能多的自然规律，然后从人类的共同利益出发，按照可持续发展的原则有层次、有步骤地对自然进行索取与征服，甚至公然宣扬人类统治主义、人类征服主义、人类沙文主义的正当性。人类中心主义生态观在对待人与自然的关系上也存在人类沙文主义的倾向，站在人的利益与需要至上性的立场上，强调从事着合目的性与合规律性的现实的实践活动的人，才是真正具有内在价值的理性的存在物，而自然生态系统是为满足人的需要而存在的工具，是没有灵魂的，只有工具价值，不具有道德伦理方面的权益，人不需要因自己的破坏行为对自然承担任何道德责任。人类中心主义主张作为价值主体的人的利益正当性，只要是出于自身利益或需要，人可以在不损害其他人的

利益的前提下，肆意地利用、破坏自然生态。在这种不平衡的关系中，自然的价值不在于自身而在于能否被人利用，能否满足人的现实需求，人与自然是利用与被利用、主宰与被主宰的关系。这种人类中心主义从本质上来看，是人类需求与利益至上的人学价值论，是人类在处理自身与自然的关系的过程中，为了获得自我的存在感与优越性，为了捍卫自己生存与发展的利益与需求而提出的理论。该理论认为应当从整个人类的群体利益与长远利益出发，坚持人类在人与自然关系中的主体地位，主张人类对自然的支配与主宰。随着科学技术的发展与实践工具的革新、人类理性的成熟，人类中心主义带着对人类理性和实践能力的强大自信，主张人类能够通过自己先进的技术工具以及人类理性对规律的充分把握，肆意地对自然进行开发索取、改造利用，从而实现人类自我发展的终极理想。这种对自身能力的盲目自信，对自然生态的无节制开发，对自身利益需求的无理由推崇，最终使得人类欲望不受控制地膨胀，生存环境恶化，人类陷入了自我中心主义的困境。

要将人与自然的关系从人类中心主义的困境中解救出来，就需要我们对人类中心主义生态观进行科学的反思与批判。首先，需要肯定的是，人类中心主义生态观贯穿于从原始社会到现代社会的发展过程中，人类征服自然的每一次胜利，都带来了人的理性思维能力与实践能力的提升，在为人的生存与发展提供物质资料的同时，人的主体性得到了确证，推动了人类社会与文明的发展进步。但随着人类社会发展到现代，这种理论的弊端与深层次的问题正在日益暴露。对人类主体性利益与力量的过分强调，使得人类对自然肆意地索取与破坏，而这种狂妄的态度与无节制的行为，也遭到了自然界的报复。生态危机的全球蔓延使人类面临失去生存家园的灭顶之灾，人类中心主义的困境也引起越来越多的关注与反思。学界普遍认为，作为罪魁祸首的人类中心主义应该被抛弃，当务之急是要用生态中心主义取而代之。但是，需要指出的是，将人类的利益与需求作为最高原则并不是产生环境污染、生态破坏、物种灭绝等全球性问题的根本原因，问题产生的根本原因在于少数发达国家在对科技的利用过程中，并没有将全体人类的利益与子孙后代的可持续发展的需求作为一切行动的最高宗旨与准则，而是从狭隘的国家利益出发，罔顾人类命运共同体中休戚与共的利益共存关系，这种自私的行为只能是害人又害己。

所以，我们需要用一分为二的辩证思维来看待人类中心主义及其生态观。人类中心主义在历史上对于发展人的理性思维能力、实践能力与创造力都起到了积极的促进作用。在依靠智慧与科技改造自然、满足人类利益与需求的过程中，人类逐渐从对自然的依附与顺从的、被奴役的自在状态中解放了出来，创造了丰富的物质财富，在满足生存需要的基础上开始关注并思考自身的价值、意义与自我实现，人的主体性得到了彰显，人的地位得到了提高。但是人从被自然奴役的状态中解放出来之后，又转向对自然的奴役。人类中心主义生态观虽然解放了人的主体性、创造性，其理论缺陷与错误同样不容忽视：首先，在人与自然的关系中，人类中心主义生态观本质上只是传统人学伦理思想的无限扩张，它只见人不见自然，只追求人的需要的满足，而罔顾自然的发展需求。其次，在对待自然的态度上，人类中心主义生态观把自然界看成人类满足自己需求的物质资料库，认为自然界中的一切不论是否有生命，都是被利用的对象，都只有工具价值。这种观点也是错误的。因为，站在可持续发展的角度，自然界是一个有机的生态系统，是人与其他生物的共同家园，人不应该为了自己的利益肆意占用其他生物的生存资源，这样只会导致资源耗尽、生态失衡、物种灭绝，最终危及人类的生存与发展。最后，在对待人类的长远发展与共同利益上，人类中心主义生态观从功利主义出发，以局部利益、眼前利益去损害全局利益、长远利益。这种狭隘的、急功近利的发展观，只会破坏人类命运共同体的可持续发展，给人类带来不可估量的损失与无法挽回的后果。

三、反人类中心主义生态观的内涵与意义

人类中心主义生态观产生的一系列问题与困境，使得人们不得不对之进行批判性的否定与扬弃，反人类中心主义生态观正是在这种背景下产生的。其反对将人作为价值与意义的主体，认为人之外的其他生物和人类一样都具有情感、意志，是和人类一样的价值主体与意义载体，其生存与发展的需要同样需要得到尊重与满足，任何为了人类的目的对其他生物生命权利的亵渎与破坏都是不道德的，自由、平等、博爱的人权法则同样适用于自然界中的其他生命体。它主张建立以自然为中心的生态中心论、以敬畏生命为宗旨的大地伦理学。此种伦理学主张平等地对待一切生命，尊重它们生存与发展的权利，不可以伤害生命，限制其自然成长，辜负自然生物的信任与依赖。生态中心主义认为自然生态系统是人与其他物种之间进行物质、能量、信息交换与流通的完整体系，人与其他物种是相互依赖、共生共存的有机整体。自然

与人平等地享有生存与发展的权利，具有内在的价值与道德属性。人要有移情与共情能力，主动承担尊重与保护自然的义务，对自然的开发利用要坚持适度原则，维持生态系统的平衡，达到人与自然的和谐。由此出发，其提出了以是否有利于维护生态系统的美好和谐稳定来判断行为正当性与否的"利奥波特原则"。

作为反人类中心主义生态观的标志性理论，泛伦理主义、泛道德主义主张将构建生态社会主义、生态人类主义等深层生态共同体作为未来的奋斗目标。在对待科学技术的态度上，反人类中心主义生态观鼓励科学的合理发展与进步，认为人有理由通过科技发展来增强自己控制、调节自然的主体性能力。这一点与人类中心主义的观点不谋而合。但与之不同的是，反人类中心主义生态观认为，人提高主体性能力的目的不是要以主宰者的姿态去肆意地征服自然，而是要以调节者的谦逊的姿态去维护自然系统的平衡与和谐。由于科技发展可能造成的破坏性后果无法完全被人类理性先在地预知与及时地控制，再加上人类对自然的了解不够全面与深刻，所以人类在承担自己对自然系统的责任与义务时常常会出现滞后于破坏性后果的情况。针对人类与自然之间的许多无法避免的矛盾冲突，反人类中心主义生态观主张培养人对自然的移情与共情能力。站在人与自然平等的立场上，该理论认为，人对自然的调节与控制不应该是单方面的，既然人也处在自然当中，那么人对自然的调控就应当将对自我欲望的调控与对外部自然的调控结合起来。人类中心主义困境正是由于片面强调对自然的支配、征服、控制、干预，忽视了对自我内心欲望的约束而产生的负面效应。在对其原因进行冷静的分析与反省之后，该理论主张人类对自然的调控也包括对人的主体性能力发展方向、行为方式及消极后果的综合调控。唯有如此，才能平衡人的主体性能力不断增强与减少对自然生态的破坏之间的矛盾，将人的行为对自然的消极影响降到最低，从而建立人与自然和谐共生、共存共荣、协调发展的新型生态关系。

反人类中心主义生态观的提出是人类生态观念史上的革命性飞跃。它在对人类中心主义生态观进行科学与理性反思的基础上，将人类从盲目的自我理性崇拜与狭隘的自我利益至上的误区中解救了出来。在人与自然的关系上，从崭新的道德伦理的视角，其主张赋予自然界中人之外的所有自然物平等的道德情感与伦理权益，主张伦理道德规范普遍适用于人际关系以及人与自然的关系，实现对人施加于自然的行为的有效规约，保证人与自然的和谐共生、健康发展。这可以看作对中国传统哲学中的"天人合一""和实生物"的现代诠释。

从中国传统社会天人浑然一体的朴素生态观到人与自然相异化的人类中心主义生态观，再到人的自然化与自然的社会化辩证统一的反人类中心主义生态观，体现了人类生态观念的辩证的否定的过程，而正是在科学的扬弃与辩证的否定中，人类的认识正不断走向成熟与完善。当然，任何理论都是人提出的，所以任何理论也都逃不开人的立场、人的视域。反人类中心主义生态观看似是对人类中心主义生态观的否定，但本质上却是以人类中心主义为理论基础的。首先，其所提出的新的生态伦理约束与规范的对象只能是人，所谓人之外的自然生命同样具有道德情感与伦理自觉，只是理论家一厢情愿的附会而已，具体到现实生活中，只有人才会有真正道德自觉与责任担当。其次，反人类中心主义生态观是为了解决人类中心主义生态观所造成的负面影响提出的，它的理论出发点同样是为了维护人的可持续的生存与发展，保护人的生存家园，是在人面临严重的生存危机时的理论自救，最终还是为了人。所以在理论的现实应用中存在着不可避免的理论困境。最后，反人类中心主义生态观试图站在整个生态系统之上，从造物主的角度来审视人与自然的关系，但它忘记了人现在是存在于这个系统当中的，并且与这个系统中的方方面面存在着千丝万缕的利益联系，这决定了人不可能真正具有这种"超出三界外，不在五行中"的超越一切甚至超越自我存在的纯粹自然中心主义的视角。

这决定了反人类中心主义生态观在现实的实践层面会遇到各种无法避免的理论困境：第一，反人类中心主义生态观要求我们把自然界中人之外的一切生物都看作和人一样的主体性的生命存在，通过移情与共情，将人的人格尊严、道德权利等通过拟人的手段一厢情愿地比附到其他生物身上，认为它们的尊严也需要得到尊重、权利也需要得到维护。但它忽视了很重要的一点，那就是维护自然生态平衡的责任主体只能是人而不可能是人之外的任何存在。由此理论宗旨出发，我们不难得出这样的结论：既然动物享有和人一样的权利，那它也应该承担和人一样的义务。这种权利主体的泛化同样导致了责任主体的泛化，使得人对自然的破坏更加肆无忌惮，而对自然的保护却乏善可陈，这使得理论与其实际效应背道而驰。第二，反人类中心主义生态观认为一切要以有利于维护自然生态系统的和谐稳定为最高宗旨，主张人与其他生物一样，是自然系统的组成部分，并没有任何优越性与特殊性。既然如此，是否意味着，当人类的存在构成对自然系统的威胁时，我们可以毫不犹豫地消灭自己？那这与反人道主义、生态法西斯主义又有何异？第三，反人类中心主义生态观主张放弃人在自然生态系统中的自我中心地位，这也会导致对人性的压制，对人的内在价值、人的生命意义、人的自我实现的忽视等反人类的现实倾向，使人沦为动物一般的存在。鉴于反人类中心主义生态观的种种负面影响，我们迫切需要更科学的生态中心主义。

四、融通视域下马克思主义哲学生态观的中国化

马克思主义哲学生态观的中国化，是吸收中国传统哲学朴素的生态观中"天人合一""和实生物"等合理思想，对中国传统生态观进行理性批判与现代创新转化，形成中国化的生态理论。其有三种把握人与自然关系的理论范式。唯客体主义范式代表了包括费尔巴哈唯物主义在内的马克思主义哲学之前所有唯物主义对人与自然关系的把握方式。此种范式强调从客体自然的方面、以感性直观的形式来把握人与自然的关系，对人的主体性特别是人类改造自然的主观能动性方面强调不够，在这种把握方式下产生了自然生态主义。唯灵主义范式是唯心主义对人与自然关系的把握方式，它强调了人的主观能动性，但由于离开了现实的、感性的生活实践，这种能动性只能是抽象的、虚幻的。在此种把握方式下产生了人类中心主义生态观。实践唯物主义生态观可以看作马克思主义哲学对人与自然关系的把握方式，在《1844 年经济学哲学手稿》中，马克思说，"在实践上，人的普遍性正是表现为这样的普遍性，它把整个自然界——首先作为人的直接的生活资料，其次作为人的生命活动的对象（材料）和工具——变成人的**无机的身体**。……所谓人的肉体生活和精神生活同自然界相

联系，不外是说自然界同自身相联系，因为人是自然界的一部分"①。"人不仅仅是自然存在物，而且是**人的**自然存在物，也就是说，是为自身而存在着的存在物，因而是**类存在物**"②。由此可见，人的存在不同于自然物的纯粹的自然存在，而是生态性的生存，马克思的生态思想并不是单纯的生态学的思考，而是一个建立在实践基础上的生态生存论的追问，它从实践的角度，看到了人与自然之间的认识与被认识、改造与被改造的关系，把人类改造自然的过程看作人类本质精神客观化与自然合目的的人化的过程。其认为"**社会**是人同自然界的完成了的本质的统一，是自然界的真正复活"③，实现了人道主义生态观与自然主义生态观的统一。这种把握方式产生了当代生态中心主义生态观。

与此相应，中国传统哲学也有三种把握人与自然关系的理论范式，分别是天人混一的范式、主客二分的范式、天人合一的范式。天人混一的范式是中国古代把握人与自然关系的主要方式，主客二分的范式是中国近代把握人与自然关系的主要方式，而天人合一是中国现代把握人与自然关系的主要方式。天人关系是中国传统哲学中的核心关系范畴，认为天人之间的对立统一关系是人类发展与进步的根基。无论是天人混一、天人两离抑或是天人合一，这三种方式都体现了人与自然之间既对立又统一的相互生成的关系。三种范式之间本质上是相互融通的，共同体现在人与自然的关系的产生与发展的过程中。当然，受中国传统哲学和合思维的影响，中国在天人关系上一直将天人合一作为把握人与自

然关系的主要方式。这与西方传统社会以主客二分的方式来把握人与自然关系的方式是截然不同的，而西方直到后现代哲学才将人与自然共生共荣、和谐发展确立为把握人与自然关系的主要方式，这可以看作向中国传统哲学天人合一思想的回归，但这个回归已相隔了几千年的历史。

中国新儒家的代表人物冯友兰也从中国传统哲学的角度定义了把握人与自然关系的三种范式，分别是"从物下手"的范式、"从心下手"的范式以及"从人下手"的范式。从物下手的范式是自然境界中对人与自然关系的把握方式。冯友兰认为，居于自然境界中的人，其一切行为都是顺习而行与顺才而行的。人的主体性意识与理性自觉仍然处于未觉醒的蒙昧状态，行乎其所不得不行，止乎其所不得不止，并不明白其对自然的行为背后有何意义、价值与目的，与自然中心主义生态观相似。从心下手的范式是社会境界中对人与自然关系的把握方式。冯友兰认为，居于社会境界中的人以利益的获得为一切行为的出发点与最终目的，能够有目的地利用与改造自然来为人类服务，将自然万物看作满足人类生存与发展需要的资源或工具，这与人类中心主义生态观非常相似。从人下手的范式是天地境界中对人与自然关系的把握方式。冯友兰认为，居于天地境界中的人不为名利，其一切行为都是以天地宇宙的和谐为出发点的，是乐天、同天、事天，推崇天人和谐共生、协同发展的理想境界，主张"万物各得其和以生，各得其养以成"（《荀子·天论》），这与生态中心主义生态观的主张不谋而合。

可见，在对人与自然关系的把握范式上，马克思主义哲学与中国传统哲学都从学理上，用各自哲学的概念与范畴系统进行了不同风格的理论概括。综合两种概括方式，不难发现二者对三种范式的分析存在着相通之处。站在融通两种哲学体系的角度，我们可以给这三种基本范式以中国化的表述，分别是见物不见人的范式、见人不见物的范式以及见人又见物的范式。见人不见物的范式是站在物本主义的立场上，从纯客体的角度对人与自然关系的把握方式，是中国与西方古代哲学中泛自然主义及万物有灵论所描述的人与自然之间浑然一体的状态。见人不见物的范式是站在"人本主义"的立场上，从主体性的角度对人与自然关系的把握方式，认为人是目的，一切以人类的利益为最高宗旨，自然界及自然系统中人之外的一切存在都是为人而存在的，它们对人而言只有工具价值，满足人的需求与欲望才是其价值的真正实现。见人又见物的范式是站在生态中心主义的立场上，从主客体对立统一的角度对人与自然关系的把握方式，主张人与自然的和谐统一，这与马克思主义哲学生态观不谋而合。在马克思主义哲学看来，只有在人与自然和谐发展、共生共存的"天人合一"的境界中，人才能真正自由而全面地占有并发展自己的全部本质，马克思主义哲学生态观的中国化才能不断发展与完善。从自然中心主义生态观到人类中心主义生态观，再到生态中心主义生态观，体现了马克思主义哲学辩证法所描述的从肯定到否定再到否定之否定的辩证发展过程。

习近平生态文明思想堪称当代马克思主义科学生态观与中国传统哲学相结合的典范。这一思想继承了马克思主义自然观的科学合理思想，突出了人与自然作为生态命运共同体的休戚与共的关系，同时将其与中国传统哲学的"天人合一""道法自然"的和谐生态伦理思想、中和有机的自然观、天人相结合观相联系，为中国特色社会主义生态文明建设提供了科学的理论指导。在马克思主义哲学中国化过程中，"天人合一"这一来自中国传统哲学的古老智慧在马克思主义哲学科学生态观的创新改造下，实现了科学的扬弃，完成了向现代的创新转化。习近平主席在联合国日内瓦总部的演讲从人类命运共同体的构建出发，主张将绿色发展的理念融入全球环境治理过程，向世界表达了中国坚持走绿色发展道路的决心，提出"绿水青山就是金山银山"的生态治理观，主张"我们应该遵循天人合一、道法自然的理念，寻求永续发展之路"[①]，本着"中道""包容""和而不同"的态度，积极寻求人类社会在生态文明思想上的跨时空互鉴与交流，寻求在不同文化和意识形态之间的全球共识与最大公约数。

第三节　马克思主义哲学与中国传统哲学相结合的人学视角

一、现代及后现代视域下的人学困境

当今时代，随着现代化的不断发展，世界面临着无法避免的现代性问题。特别是随着后现代哲学的兴起，解构主义、非理性主义的颠覆性思维逐渐取代了建构性的、理性的传统形而上学的哲思，传统哲学的宏大叙事、人学语义正面临着碎片化、边缘化的风险。非理性主义认为，真正影响与操控人类的言行的，不是理性的客观分析，而是非理性的、纯主观的欲望和本能。人类本

---

① 《习近平主席在出席世界经济论坛 2017 年年会和访问联合国日内瓦总部时的演讲》，人民出版社，2017，第 29 页。

质上就是非理性的，非理性的原始冲动、生存意志与死亡恐惧构成了人类一切行为的内驱力。这种潜在的非理性能量渗透并最终影响和左右了人自以为客观的理性判断与分析。人根本不是什么理性的存在物，只是欲望的奴隶。同时，人是无本质的自由的存在，人在过去、现在和未来都处在永恒的流变中，人是什么？是有待超越的过去，是尚未实现的未来，是变动不居的现在？人什么都不是。人就是充满着各种不确定性的虚无与荒诞，是游戏人间、纵情声色的无脚鸟，是翩然而逝的"缥缈孤鸿影"。反理性主义认为，根本没有所谓的客观规律，规律只是语言符号的效果，因果性不过是随意放置的一系列无目的的偶然事实。传统形而上学所描绘的终极理想、价值追寻不过是虚幻的幸福承诺，是意识形态虚妄的设计与偏见。主体不过是隐藏在理性面具背后的欲望的碎片。主体性的人死了，历史、规律、真理被消解了，传统哲学人学意义上的价值与意义的丰碑坍塌了。当代世界，随着全球化、市场化、工业化的发展，人类被工具理性、消费主义绑架，变成无思想、无灵魂的行尸走肉。在解构主义思潮的影响下，理性主义的主流意识与话语系统崩塌为语言符号碎片，历史主义的宏大叙事演变为荒诞不经的呓语。这种反人类中心主义思想最初是为了纠正现代社会的价值负载，但最终走向了反对一切人学范式与框架、瓦解一切价值体系与意义、消解所有理性主体的反人道主义与反理性主义，造成了当代人学发展的现实困境。

二、马克思主义哲学的人学观与中国传统哲学人学观的契合

马克思主义哲学中关于人的全面发展理论对于挽救当前人的

发展的现实困境具有积极的意义与作用。而作为以内在超越性为特征的中国传统哲学，其中关于人的全面发展的思想随处可见。这可看作马克思主义哲学与中国传统哲学在人学观上得以实现融通的基础与前提。

马克思关于人的全面发展的思考开始于《1844 年经济学哲学手稿》中对资本主义社会生产实践中人的本质的对象化和异化问题的反思与批判，虽然青年时代的马克思对该问题的思考还没有摆脱费尔巴哈人本主义思想的窠臼，但马克思把生产实践活动看作具有目的性的人按照物的尺度展现自己独特本质的有意识的生命活动，这可看作马克思关于人的价值思想乃至人的全面发展思想形成与发展的理论起点。马克思通过对资本主义社会实践活动中人的本质异化的深刻反思与批判，提出通过克服异化来实现人的全面发展的价值理想。马克思指出，在资本主义私有制关系中，生产实践活动中的人并没能体现出自身真实自由的意志，在私有财产的分配与占有的过程中，工人的劳动实践只是其获取工资来维持生存的手段和工具，人的自由真实的意志是被资本压制和支配着的。在共产主义的生活实践中，其对私有财产的扬弃的同时使人实现了对自我异化的扬弃，而这也为人的自由解放提供了现实的途径。马克思认为，共产主义是"通过人并且为了人而对人的本质的真正占有"①。在共产主义社会中，人摆脱了私有财产对其自由意志的压制，人与自然、人与社会、人与自身的矛盾得到了彻底解决，人以全面的方式实现了对自我本质的真正占有。共产主义制度作为人实现自由全面的发展的现实的实践路

---

① 马克思：《1844 年经济学哲学手稿》，人民出版社，2000，第 81 页。

径，还远不是人的全面发展的最终目标。这些论述标志着马克思关于人的全面发展思想的初步形成，对马克思后期价值理想的形成和发展具有积极的意义。

在《1857—1858 年经济学手稿》中，马克思对其在《1844年经济学哲学手稿》中所阐述的人的全面发展的价值理想进行了丰富和明确化，认为要实现人的全面发展需要经过对物的依赖性的扬弃，实现在物的基础上的人的独立和自由全面的发展，则是对人的发展观的进一步丰富、充实。马克思明确指出，个人的全面发展即"人以一种全面的方式……作为一个总体的人，占有自己的全面的本质"①。而这是社会中所有人实现全面发展的必要前提。在《共产党宣言》中，马克思和恩格斯指出，"代替那存在着阶级和阶级对立的资产阶级旧社会的，将是这样一个联合体，在那里，每个人的自由发展是一切人的自由发展的条件"②。将人的全面发展作为共产主义的理想目标与共产主义社会的价值原则，这为人的全面发展思想不断丰富与完善奠定了坚实的理论基础。马克思主义哲学认为"个人的全面性不是想象的或设想的全面性，而是他的现实关系和观念关系的全面性"③。可见，马克思主义哲学的人的全面发展思想中的人并不是单个的人，而是一切社会关系的总和。人作为社会存在物，人的全面发展的理论前提与逻辑起点应当是全人类，是在整个人类社会的生产关系与社会关系中展开的人的全部本质力量和能力的全面拓展及延伸。人的全面发展包括能力与个性的全面发展，其中，能力包括体力

---

① 马克思：《1844 年经济学哲学手稿》，人民出版社，2000，第 85 页。
② 《马克思恩格斯选集》第 4 卷，人民出版社，2012，第 647 页。
③ 《马克思恩格斯全集》第 46 卷下册，人民出版社，1980，第 36 页。

与智力、自然能力与道德能力、现实能力与内在潜力等，而个性包括气质、性格、品格等，是自主性、能动性与创造性的结合。在人的全面发展中，个体的全面发展与群体的全面发展是相辅相成、一体两面的关系。

中国传统哲学内倾性的特点，使得其对人的道德主体性、人的生存价值与意义等问题最为关注。中国传统哲学中同样蕴含着丰富的人的发展的思想，这为马克思主义哲学与中国传统哲学在人学领域相结合提供了必要的理论前提。中国传统哲学中人的全面发展思想主要体现在以下几个方面：

第一，以人为本的民本思想。马克思主义哲学认为，人类社会的历史首先是人的发展的历史。中国传统哲学中的民本思想早在《诗经》中就有所体现，《诗经》中"辞之辑矣，民之洽矣""维君子命，媚于庶人""宜民宜人"等表述，体现了古人敬天保民的思想。儒家使民以时的仁政思想、有教无类的教育思想以及君子理想等，体现了对人的主体性以及个性的充分尊重。道家的"天地不仁，以万物为刍狗"的自然无为思想等，主张在自然无为中实现万物的天性的自由发展，体现了对人的天性的自由发展的向往。

第二，天人合一的和合思想。天人合一的思想主张实现人与自然、人与社会、人与自身的和谐共处，这也是马克思主义哲学的人的全面发展思想的题中之义。《易经》有言"乾道变化，各正性命"，主张"与天地合其德，与日月合其明，与四时合其序，与鬼神合其吉凶"，在尊重差异性与多样性的前提下，认为人首先是自然中的人，人类社会的一切活动都必须以尊重自然规律为前提，人只有在与自然的和谐共处中才能实现自身的发展，如果逆自然规律而行是无法实现人的全面发展的。《礼记·中庸》讲道，"中也者，天下之大本也；和也者，天下之达道也。致中和，天地位焉，万物育焉"，追求人与宇宙自然、人与社会的"和合"的状态。董仲舒则在此基础上，提出"天人之际、合而为一"的思想，从而将古人对和合的追求从人与自然、人与社会的和谐的层面进一步深入到人与自我意识的和谐的层面。之后经过历代思想家的发展，和合思想的内涵不断完善，其中人与自然的和合思想演化为人与自然和谐相处的可持续发展的思想；人与社会乃至世界的和合思想演化为"协和万邦""天下大同"，以及当前的和谐社会、"和谐世界""人类命运共同体"的思想；人与自身的和合思想演化为"正心诚意""内圣外王"的人生理想。和合思想为我们在实现人的全面发展过程中如何妥善地处理人与自然、人与社会、人与自身之间的关系，化解与不同民族、不同国家、不同文明之间的分歧提供了重要的理论资源与价值标尺。

第三，重义轻利的君子人格。儒家从心性修养的角度出发，认为君子与小人的区别在于君子重义而小人重利。孟子从性善论出发，反对人对物质性的利益的追逐，主张人应当把对道德境界与伦理价值的精神性的追求摆在第一位。这为儒家"君子""圣人"的理想人格观的形成奠定了理论基础，同时构成了儒家从精神层面出发的人的发展的总基调。儒家的君子理想提供了一种与西方功利主义的外在超越路向不同的自我实现的新路向。这种追求内在超越来实现自我发展的精神修养学说对于实现人的精神层面的发展与维持社会的和谐稳定具有积极的作用。当然，这种否定人的物质需要的满足而片面追求精神境界的提升的发展是不科学的，这就需要我们用马克思主义哲学的人的全面发展的理论对其进行改造。

总之，中国传统哲学作为以追求人的内在超越来实现人的发展为主要特征的学说，其对人的发展的思考与马克思主义哲学的人的全面发展的学说有许多契合之处。不论是儒家在德性修养方面的价值诉求，还是道家对心灵的和谐与绝对自由的推崇，都对人的发展进行了中国式的思考。然而，中国传统哲学的人的发展思想作为根植于中国封建社会的理论，不可避免地存在一些消极的内容。首先，中国传统哲学的人的发展思想只局限于精神层面，而对人在物质层面的发展需求关注较少。其次，中国传统哲学用传统的伦理价值体系来规范人的同时，其封建等级观念也在禁锢人的自由，扼杀人的天性，不利于人的全面发展。最后，在中国传统封建社会的生产力发展水平下，并不具备人的全面自由发展的条件。这就要求我们在马克思主义哲学的指导下，对中国传统哲学的人学思想进行科学的扬弃，积极促进和实现当代中国人的全面发展。

三、融通视域下马克思主义哲学人学观的中国化

从世界范围来看，后现代哲学解构了传统人学理论对人、主体性、理想等的一切抽象论述的同时，确实唤醒了人们对自身非理性的情感、欲望、意志等因素的关注与重视，也使人从客观理性的、意识形态化的人学框架与理想范式中解放了出来，开始自由设计与选择自我实现的方式与路径，从各自的现实生活入手去建设个体自己的完美生活。后现代哲学在批判传统人学的基础上实现了向人的真实自我的还原与复归，具有积极的建设意义。但

这种自由的选择虽然使人掌握了自我实现的主动权，真正成为自己的主人，但同时这种绝对的自由也带来了巨大的空虚与迷茫，当终极理想与伦理担当被彻底消解之后，人陷入了不断选择的焦虑、恐慌、烦恼与恶心等一系列困境中，形成了人学空场。马克思主义哲学人学观从历史唯物主义的立场上，以辩证法与科学实践观为指导，对后现代哲学所曲解的人的本质进行了科学解读，认为人是自由、自觉、自为的社会存在物，人的自我反思与认知是在其处理自身与世界关系的自觉的实践活动中产生的，不同于后现代哲学所讲的"人即存在"，马克思主义人学观认为人本质上就是人的实践所创造的所有社会关系的总和。人的本质是在实践活动中自我生成与发展完善的。历史也是人的实践所创造的。马克思主义人学理论所揭示的人、世界、历史在实践过程中的生成过程，使人真正成为自为的、自觉的社会历史性的现实的存在，是真正的人学。马克思认为，"共产主义是作为否定的否定的肯定，因此，它是人的解放和复原的一个**现实的**、对下一段历史发展来说是**必然的环节**"①，由此可见，"异化劳动概念蕴涵着人类历史是由人的类本质尚未异化到人的类本质异化再到人的类本质复归的过程"②。

作为面向生活世界的形而上学，马克思主义哲学同样实现了对中国传统哲学中人学语义的时代改造与实践整合，中国传统心性修养学说中充满了对人生价值、意义、理想的探讨，但作为建构在传统封建社会的伦理与道德基础上的人学理论，其存在于封

---

① 《马克思恩格斯全集》第 3 卷，人民出版社，2002，第 311 页。
② 段忠桥：《马克思的异化概念与历史唯物主义——与俞吾金教授商榷》，《江海学刊》2009 年第 3 期。

建宗法制度的框架下，很难摆脱其为封建统治服务的意识形态色彩。马克思主义人学观中国化的过程中，辩证地借鉴和吸收了中国传统哲学中充满价值理性诉求的思想元素，同时通过生活实践的改造，使得中国传统哲学的人性论光辉在面向生活世界的实践中重新找到了生存与发展的现实土壤，焕发出了生机与活力，为其在现当代的创新转化的实现提供了理论依据与新的发展动力和契机。

随着我国全面深化改革进入攻坚阶段，如何处理好社会转型期所暴露出来的人与自然、人与社会、人与自身的矛盾，实现人与社会的全面发展，是决定改革能否顺利推进的关键因素。马克思主义哲学中有关人的解放以及人的全面发展的理论，对于中国特色社会主义建设中人的发展目标的确立具有重要指导作用。习近平指出："人民是历史的创造者，是决定党和国家前途命运的根本力量。必须坚持人民主体地位……把人民对美好生活的向往作为奋斗目标，依靠人民创造历史伟业。""必须坚持以人民为中心的发展思想，不断促进人的全面发展、全体人民共同富裕"①。中国共产党人将马克思主义哲学的人学思想与中国传统哲学相融通，秉持为人民谋幸福、为民族谋复兴、为世界谋大同的初心使命。在今后的发展过程中，要在创新、协调、绿色、开放、共享的新发展理念的指导下，注重将人的全面发展与长远发展结合起来，将民生的改善与中国精神的建构结合起来，将个人发展与国家进步、民族复兴乃至整个人类命运共同体的繁荣发展结合起来，不断丰富与充实马克思主义哲学的人学内涵。

---

① 习近平：《决胜全面建成小康社会 夺取新时代中国特色社会主义伟大胜利——在中国共产党第十九次全国代表大会上的报告》，人民出版社，2017，第21、19页。

结束语

在古今中西的大视域中，在科际整合的大背景下，深化马克思主义哲学与中国传统哲学相结合研究，首先要坚持理论与实践相统一。在推动马克思主义哲学与中国传统哲学相结合的过程中，要将马克思主义哲学的实践特质与中国传统哲学知行合一的精神相贯通，坚持问题导向、实践导向，在实现中华民族伟大复兴中国梦的伟大实践中不断检验与发展理论，使理论焕发出解释与变革现实的巨大精神力量。

其次要坚持科学理性与价值理性相统一。随着中国现代化建设不断向前推进，对于西方现代化过程中重科学轻价值的发展弊病要足够重视。要将马克思主义哲学科学理性与价值理性的原则统一起来，并在马克思主义哲学的科学原则与价值原则的指导下，对中国传统哲学中重义轻利的思想进行科学的扬弃与合理的补充。在推动马克思主义哲学与中国传统哲学相结合的过程中，构建社会主义的核心价值体系，重建中华民族的精神家园，以有效应对一切已经出现和可能出现的现代性问题，并为世界范围内现代性问题的解决提供中国方案与中国智慧。

最后要坚持民族性与世界性相统一。要将马克思主义哲学的民族性与世界性的精神特质与中国传统哲学求同存异的和合思想以及天下为公的大同思想相结合，既要坚持民族性，立足于中华民族的独特文化以及具体社会实践需要，坚持和发展中国特色的理论体系，又要具有世界眼光，重视多元思想的互动与交流，从全人类的共同命运出发，为构建人类命运共同体，实现全人类的共同福祉提供价值指引与科学的理论指导。

马克思主义哲学与中国传统哲学相结合的过程，既是马克思主义哲学吸收中国传统哲学中的文化养分在中国大地上生根、发芽、开花、结果的过程，也是中国传统哲学在马克思主义哲学科学性、革命性、时代性的本真精神的改造下，实现内容与形式的创新转化的过程。中国传统哲学的优秀成果作为几千年中华文化发展积淀而成的精华，塑造了中国人独特的精神气质，是中国人精神力量的来源，是割不断的思想文化纽带。中国传统哲学在现当代中国社会与世界的发展过程中，仍然具有现代意义与价值，而作为中国传统哲学的核心内容的心性修养学说，对疗治现代社会的道德失守、人心失序、生态失衡等问题具有非常重要的作用。

当今世界是一个思想多元、文化多元的世界，中国在走向世界的过程中，如何保持自身的精神独特性与文化独立性，除要坚定地坚持马克思主义哲学的科学指导，保持其在意识形态领域的指导地位外，还要坚定文化自信，对中国传统文化特别是作为其核心内容的中国传统哲学不断进行当代的创新转化，通过科学合理地批判扬弃、吸纳整合，使之重新焕发出新的光彩。关于马克思主义哲学中国化的深入推进与发展，我们同样需要看到其所面临的与中国传统哲学这一文化实际相结合的迫切需要，看到中国传统哲学作为马克思主义哲学中国化最重要的文化底蕴在马克思主义哲学中国化、时代化、大众化发展过程中的重要作用。当然，要实现马克思主义哲学与中国传统哲学相结合，不能只停留在中国的范围内，而应该走向世界，为理论的发展寻求更多新的文化滋养与发展契机，只有与时代发展同步，与人类命运同行，与社会实践结合，我们的理论才能保持旺盛的生命力与获得源源不断的发展动力。

参考文献

《马克思恩格斯全集》第 1 卷，人民出版社，1995。

《马克思恩格斯全集》第 3 卷，人民出版社，2002。

《马克思恩格斯全集》第 42 卷，人民出版社，1979。

《马克思恩格斯全集》第 46 卷下册，人民出版社，1980。

《马克思恩格斯全集》第 7 卷，人民出版社，1959。

《马克思恩格斯选集》第 1 卷，人民出版社，2012。

《马克思恩格斯选集》第 4 卷，人民出版社，2012。

《马克思恩格斯文集》第 1 卷，人民出版社，2009。

《马克思恩格斯文集》第 4 卷，人民出版社，2009。

《马克思恩格斯文集》第 8 卷，人民出版社，2009。

马克思：《1844 年经济学哲学手稿》，人民出版社，2000。

《列宁全集》第 39 卷，人民出版社，2017。

《列宁选集》第 1 卷，人民出版社，2012。

《毛泽东选集》第 2 卷，人民出版社，1991。

《邓小平文选》第 3 卷，人民出版社，1993。

江泽民：《论科学技术》，中央文献出版社，2001。

《习近平主席在出席世界经济论坛 2017 年年会和访问联合国日内瓦总部时的演讲》，人民出版社，2017。

习近平：《决胜全面建成小康社会　夺取新时代中国特色社会主义伟大胜利——在中国共产党第十九次全国代表大会上的报告》，人民出版社，2017。

《艾思奇文集》第 1 卷，人民出版社，1981。

《爱因斯坦文集》第 3 卷，许良英、赵中立、张宣三编译，商务印书馆，1979。

陈先达：《马克思主义中国化进程中的时代课题——论马克思主义与中国传统文化》，《人民日报》2010 年 12 月 27 日第 11 版。

陈先达、臧峰宇：《马克思主义哲学时代化与历史深处的哲学心语——陈先达教授访谈录》，《江海学刊》2016 年第 4 期。

邓兆明：《关于中国哲学的几个问题》，《南京社会科学》2004 年第 4 期。

窦宗仪：《儒学与马克思主义》，刘成有译，兰州大学出版社，1993。

段忠桥：《马克思的异化概念与历史唯物主义——与俞吾金教授商榷》，《江海学刊》2009 年第 3 期。

冯友兰：《南渡集》，中华书局，2017。

冯友兰：《三松堂学术文集》，北京大学出版社，1984。

冯友兰：《新知言》，北京大学出版社，2014。

郭建宁、张文儒：《中国现代哲学》，北京大学出版社，2001。

郭齐勇：《中国儒学之精神》，复旦大学出版社，2009。

贺麟：《文化与人生》，商务印书馆，1996。

贺麟：《文化与人生》，商务印书馆，1988。

李承贵：《当代儒学的五种形态》，《天津社会科学》2008 年第 6 期。

李维武：《儒学生存形态的历史形成与未来转化》，《中国哲学史》2000 年第 4 期。

梁漱溟：《东西文化及其哲学》，商务印书馆，2010。

刘涛：《汤因比的预言：中国文明将照亮 21 世纪》，《社会观察》2013 年第 3 期。

牟宗三：《中国哲学的特质》，上海古籍出版社，1997。

普里戈金、斯唐热：《从混沌到有序》，曾庆宏、沈小峰译，上海译文出版社，2005。

任继愈：《汉唐佛教思想论集》，人民出版社，1998。

任平：《走向差异之途的马克思主义出场学视域》，《社会科学战线》2011 年第 5 期。

任平、山港：《走向出场学视域的马克思主义哲学研究：创新路径与未来趋势——任平教授访谈》，《学术月刊》2008 年第 9 期。

萨特：《辩证理性批判》上卷，林骧华、徐和瑾、陈伟丰译，安徽文艺出版社，1998。

汤一介：《传承文化命脉 推动文化创新——儒学与马克思主义在当代中国》，《中国哲学史》2012 年第 4 期。

王南湜：《范式转换：从本体论、认识论到人类学——近五十年中国主流哲学的演变及其逻辑》，《南开学报（哲学社会科学版）》2000 年第 6 期。

王南湜：《回归生活世界意味着什么》，《学术研究》2001 年第 10 期。

王南湜：《论人的感性活动原则——关于哲学对象问题的思考》，《哲学研究》1988 年第 8 期。

王南湜：《论哲学思维的三种范式》，《江海学刊》1999 年第 5 期。

王南湜：《人类活动论导引》，南开大学出版社，1993。

王南湜：《追寻哲学的精神：走向实践哲学之路》，北京师范大学出版社，2006。

王向清：《学术层面马克思主义哲学中国化的逻辑发展》，《马克思主义与现实》2007 年第 6 期。

夏基松：《现代西方哲学》，上海人民出版社，2006。

许全兴：《马克思主义哲学自我革命》，中国社会科学出版社，2009。

杨谦：《马克思主义哲学的中国化与中国哲学的现代追寻》，《天津社会科学》2008 年第 4 期。

张立文：《中国哲学的"自己讲"、"讲自己"——论走出中国哲学的危机和超越合法性问题》，《中国人民大学学报》2003 年第 2 期。

张维为：《中国触动：百国视野下的观察与思考》，上海人民出版社，2012。

张艳涛：《建构面向"中国问题"的历史唯物主义理论话语体系》，《社会科学》2018 年第 3 期。

张允熠:《马克思主义中国化与中国传统文化》,《思想理论教育》2014 年第 12 期。

赵剑英、庞元正:《马克思哲学与中国现代性建构》,社会科学文献出版社,2006。

F. Nietzsche, *The Will to Power*, trans. Walter Kaufmann (New York:Vintage,1968),Sec. 481.

F. Nietzsche, *The Will to Power*, trans. Walter Kaufmann (New York:Vintage,1968),Sec. 605.

图书在版编目(CIP)数据

马克思主义哲学与中国传统哲学相结合研究 / 郭晓
旭著. -- 北京：中国人民大学出版社，2025.1.
ISBN 978-7-300-33398-4

Ⅰ. B27

中国国家版本馆 CIP 数据核字第 20240JG238 号

马克思主义哲学与中国传统哲学相结合研究

郭晓旭　著

MAKESI ZHUYI ZHEXUE YU ZHONGGUO CHUANTONG ZHEXUE
XIANG JIEHE YANJIU

出版发行	中国人民大学出版社				
社　　址	北京中关村大街 31 号		**邮政编码**	100080	
电　　话	010 - 62511242（总编室）		010 - 62511770（质管部）		
	010 - 82501766（邮购部）		010 - 62514148（门市部）		
	010 - 62515195（发行公司）		010 - 62515275（盗版举报）		
网　　址	http://www.crup.com.cn				
经　　销	新华书店				
印　　刷	天津鑫丰华印务有限公司				
开　　本	720 mm×1000 mm　1/16		**版　　次**	2025 年 1 月第 1 版	
印　　张	12.5		**印　　次**	2025 年 1 月第 1 次印刷	
字　　数	135 000		**定　　价**	78.00 元	